BIOGRAPHIE

DE LA FAMILLE

ABBATUCCI

ILLUSTRÉE PAR

JANET LANGE

PRIX : 50 C.

PARIS

PUBLIÉ PAR GUSTAVE BARBA, ÉDITEUR

RUE DE SEINE, 31.

—

1857

LES HOMMES CÉLÈBRES

ILLUSTRÉS PAR JANET-LANGE

TEXTE PAR JEAN DE LA ROCCA

Portrait du général Jacques-Pierre Abbatucci.

ABBATUCCI

(Jacques - Pierre).

INTRODUCTION.

Nous avons livré dernièrement à l'appréciation de nos concitoyens une étude sur l'île de Corse. A élaborer ce livre nous avons employé toute l'ardeur de notre âme, toutes les facultés de notre intelligence. Avant de clore la dernière page, nous annoncions que notre œuvre sur la Corse, bonne ou mauvaise, était terminée.

Nous pensions avoir dit notre dernier mot sur cette île si féconde en événements, si variée d'aspects.

Notre plume avait cessé d'écrire, la dernière feuille de notre ouvrage était livrée à l'impression, que notre imagination courait toujours à travers la vie de la Corse, et que sans cesse des côtés nouveaux, des faits inattendus, des points sommairement indiqués nous apparaissaient avec tous leurs développements. Un instant nous avons cru que notre ouvrage était incomplet. Les détails nous envahissaient, notre esprit descendait aux particularités, oubliant que notre premier ouvrage était un livre de vue générale, un large coup d'œil jeté sur la Corse. Nous avons craint d'abord d'avoir livré à la publicité une œuvre tronquée; mais en revenant sur la généralité de notre plan, nous avons pu nous assurer que rien dans l'en-

2

semble de la Corse n'a été omis, que tous les côtés ont été examinés. Le tableau bien ou mal exécuté est, selon nous, large et complet.

Mais au milieu de cette belle nature de la Corse que nous avons dépeinte, au sein de cette puissante végétation dont nous avons admiré les produits ; sur ces montagnes pittoresques, couvertes de hautes forêts, toutes fécondes de richesses minérales ; parmi ces larges ports ouverts au commerce ; sous ces rayons d'un soleil resplendissant, manquait l'être qui anime tout tableau, l'homme ! Ce n'est pas assez d'avoir semé la Corse de magnifiques moissons ; ce n'est pas assez d'avoir creusé les flancs des monts pour montrer à l'œil ébloui les précieux métaux qu'ils recèlent ; ce n'est pas assez d'avoir mesuré ces arbres superbes qui peuvent former les plus belles flottes ; ce n'est pas assez enfin d'avoir étalé devant le lecteur tout ce que la terre de Corse peut produire si l'être qui l'habite, si l'homme n'est pas le point central, la figure saillante du tableau.

Il est vrai que l'histoire de l'île qui nous occupe a été esquissée dans notre livre. — Nous avons montré sommairement la vie humaine s'y manifestant dans ce qu'elle a de plus noble, la conquête de la liberté et de l'indépendance. — Toutefois, dans cette lutte de notre patrie contre Gênes, nous avons le plus souvent montré la nation, le peuple corse, et plus rarement l'individu. Quelques grandes figures, Sampiero, Pascal Paoli, Napoléon, ont dominé par leur grandeur les hommes et les choses. Mais ils n'ont apparu que dans un lointain nébuleux comme des pics culminants, perdus dans une demi-teinte au fond d'un tableau.

Ils dominaient la scène qui conservait en dehors d'eux sa vie et son intérêt.

L'homme de la Corse ne se manifestait pas assez dans notre récit. Une rapide esquisse de mœurs avait seule été donnée. Et cependant une foule de vies grandes, glorieuses, s'étalaient à nos yeux. — Nous n'avions qu'à frapper du pied cette terre féconde, pour en faire surgir des légions de héros, d'habiles capitaines, de grands esprits.

La Corse a surtout des vertus guerrières, et il est tout naturel de puiser d'abord, pour les célébrer, nos gloires dans les annales militaires : Sampiero, Pascal Paoli et Napoléon sont, nous l'avons déjà dit, les trois figures culminantes, les trois têtes resplendissantes qui s'élèvent au-dessus de toutes les renommées. — De toutes parts leurs hauts faits ont été proclamés, et notre voix se perdrait au milieu des acclamations qui les ont de tout temps salués.

Sur ce radieux Olympe de grands hommes que semblent présider ces trois grands capitaines, brillent dans une clarté pure et sereine des figures illustres : celles des Abbatucci, Cervoni, Franceschetti, Gentili, Ornano, Pozzodiborgo, Sébastiani, Salicetti, etc., etc.

Les portraits biographiques de ces hommes de la Corse formeraient une belle galerie. Et si peu habile que nous soyons, nous avons cédé au charme de la produire. Nous publierons une série d'articles sur chacune de nos gloires corses. Le hasard pourrait nous guider dans le choix des premières biographies, car tous les hommes dont elles doivent décrire la vie, sont célèbres, presque au même titre. Mais il est certaines figures qui ont pour nous, comme pour tout le monde, un attrait tout sympathique. C'est par celles-là que nous commencerons. Il en est une surtout, celle du général Charles Abbatucci, qui nous a intéressé au plus haut point et qui a immédiatement sollicité notre cœur et notre plume. Ce jeune général, moissonné à 26 ans, nous a apparu comme un splendide et rapide rayonnement, comme une de ces figures féeriques qui s'illuminent tout à coup et rentrent subitement dans l'ombre. Il est mort au milieu de son triomphe ; il a compté des heures courtes, mais bien remplies ; il est peu de faits dans sa vie, mais ils sont tous glorieux ; et par les grandes choses qu'il a accomplies dans une existence si éphémère, on pourrait établir les hauts faits dont il se serait illustré plus tard. — Une seule action éclatante suffit pour révéler un grand cœur. — *Ab uno disce omnes* : qu'un seul triomphe vous dise tous ceux qu'il aurait pu obtenir.

Du reste, le général Charles Abbatucci a simplement ajouté un nouveau fleuron aux glorieuses couronnes de sa famille ; car c'est toute une série d'illustrations que les Abbatucci. Nous trouverons dans la même lignée plusieurs figures dignes du pinceau. — Ces beaux portraits sont déjà tracés dans la galerie de l'histoire, et nous n'aurions qu'à secouer la poussière qui les couvre pour leur rendre tout leur éclat.

Mais puisque nous avons annoncé la vie des hommes célèbres de la Corse, ne sommes-nous pas tenu de retracer la carrière de tous ceux qui ont bien mérité de notre île. Toute la famille Abbatucci appartient ainsi à notre œuvre, et nous commettrions une injustice, à nous borner à la seule biographie du héros de Huningue. Ce jeune général marchera donc dans notre livre, entouré des célébrités de son sang, qui lui feront comme un glorieux cortège dans l'histoire.

J. DE LA ROCCA.

ABBATUCCI

(Jacques-Pierre)

GÉNÉRAL DE DIVISION À L'ARMÉE DE RHIN-ET-MOSELLE, CHEVALIER DE SAINT-LOUIS, ETC.

CHAPITRE PREMIER

I

Le 6 novembre 1726, dans le village de Zicavo (Corse), naquit Jacques-Pierre Abbatucci. Son père fut Severin de Abbatucci, et sa mère Rose Paganelli, fille du général Paganelli, mort au service de la république de Venise. Les preuves de noblesse de sa famille furent présentées au conseil supérieur de la Corse, et il fut constaté que ses ancêtres, depuis plus de deux cents ans, étaient nobles et jouissaient de toutes les prérogatives attachées à leur ordre. — De tout temps, les Abbatucci avaient rempli soit en Corse, soit à l'étranger, des charges considérables, et cet enfant dans les veines de qui coulait un si beau sang, pouvait aspirer aux premiers honneurs, et donner un vaste champ à son ambition.

Il avait deux sœurs alliées à deux grandes familles : l'une était mariée à Giabicorso de Peretti, l'autre à Dongrazio de Colonna, une des branches des fameux princes de Rome.

À l'âge de dix ans, J.-P. Abbatucci fut amené par son frère aîné, déjà capitaine à 28 ans, à Brescia où son père était gouverneur. Il entra au collège des nobles, dirigé par des jésuites, et y fit de brillantes études. — On a souvent dit que cette ma-

nifestation prématurée de l'intelligence n'amenait que des résultats hâtifs, quelquefois frappés de stérilité ; mais il n'est pas moins vrai que les grands esprits se révèlent souvent dès leur jeune âge. Ces heureuses dispositions ne firent que se développer. — J.-P. Abbatucci, ses premières études terminées, alla suivre à Padoue les cours de la faculté. Son esprit était apte à toutes les branches d'instructions : médecine, droit, théologie, littérature, science. Il étudia tout avec succès, et prit ses grades dans ces diverses parties. — Il lui arrivait souvent dans le cours de la conversation, de citer de mémoire, et toujours à propos, des auteurs latins, français et italiens. Nous avons été à même de lire un mémoire qu'il a laissé à sa famille. — Son style est clair, net, entraînant. — Le choix des expressions et des mots est parfait. Les phrases son pleines de vie, d'harmonie et de mouvement. À la beauté du style s'allient d'autres qualités : il y a dans tout ce qu'il a écrit une profondeur de vues, un fonds de savoir qui révèlent l'écrivain distingué. C'était enfin une intelligence hors ligne.

Ces vastes connaissances lui servirent plus tard à établir sa réputation. Cet esprit souple et varié, ce cœur infatigable dans la générosité, deviendra la providence des malades, l'arbitre des dissidents, le conseil éclairé des assemblées, l'excellent soldat, le bon patriote.

Pendant qu'il travaillait ainsi ardemment à se rendre digne des destinées des Abbatucci, son grand-père, qui pouvait mourir dès lors, termina sa carrière et lui légua son nom à conserver pur et honoré. Un plus précieux dépôt ne pouvait être déposé entre des mains plus nobles.

Déjà la réputation d'intelligence et de savoir du jeune J.-P. Abbatucci s'était répandue en Corse ; on connaissait les hautes qualités de son esprit et de son cœur. Ses études étaient terminées ; il rentra dans sa patrie en 1750, et tout le monde s'empressait de venir saluer ce jeune homme en qui l'on voyait éclater tous les indices d'une brillante destinée.

II

L'instant était favorable à la manifestation de ses grandes qualités. La Corse venait, après le départ des troupes françaises, de secouer encore une fois le joug des Génois ; Paoli, à qui il n'a manqué qu'une grande scène pour être un des plus grands hommes que l'humanité ait produits, appliquait toutes les ressources de son génie à reconstituer la nation corse, à rendre à sa patrie une indépendance inattaquable, à créer des lois, à fonder des institutions libérales, à doter l'île de voies de communications qui permissent aux habitants de se réunir promptement pour mieux défendre le territoire. Il établissait des points stratégiques, fortifiait les côtes, encourageait en même temps l'agriculture, l'industrie, les lettres, les sciences, accomplissait enfin l'œuvre d'un grand capitaine et d'un grand homme d'État.

A cette œuvre le choix de la nation avait attaché des hommes d'une grande valeur et capables de seconder Paoli dans ses vues régénératrices. J.-P. Abbatucci était naturellement indiqué au vote de ses compatriotes. Déjà du temps que d'Ornano, mort maréchal de camp en France, commandait la partie du deçà des monts, J.-P. Abbatucci faisait partie du conseil du gouvernement, et lorsque Paoli fut nommé général en chef dans une consulte tenue à Casinca, il fut désigné comme premier conseiller au conseil suprême de la nation qui s'établit à Corte.

III

Tous les jours s'étendait la réputation de J.-P. Abbatucci ; les premières familles briguaient son alliance ; et bien de nobles jeunes filles soupiraient en entendant vanter le noble caractère, la loyauté, la valeur, l'esprit du jeune conseiller. Dans la *pieve* de *Talavo* vivait une famille des plus honorables, illustrée par un de ses membres, Jean-François Sabiani, protonotaire apostolique, grand-vicaire du diocèse d'Ajaccio, et prévôt de Zicavo. Bernardin Sabiani, frère du prévôt, élevait dans toutes les vertus domestiques une pure et belle jeune fille, modeste dans sa beauté, simple avec tous les dons de l'esprit. J.-P. Abbatucci avait trouvé une compagne qui aurait marché côte à côte avec lui dans sa belle carrière sans jamais séparer son âme de la sienne, tant ils étaient faits l'un pour l'autre, si la mort n'était venue prématurément briser sa vie. Elle mourut toute jeune, laissant deux filles dont l'aînée fut mariée à Jean-Bernardin Leccia de Zicavo. L'autre épousa Louis de Durazzo de Campomoro, qui pouvait marcher de pair avec les premières familles de la Corse.

Aucun rejeton mâle n'était né de cette première union, et J.-P. Abbatucci désirait ardemment léguer à un fils son nom et ses vertus. Un second mariage vint accomplir ses désirs. Il épousa en secondes noces la fille de M. Valerio de la Costa, et de madame Marzia d'Ornano, deux familles très honorables par leur noblesse et par les charges qu'elles avaient remplies en Corse, en France et en Italie. Cette union fut encore plus prospère que la première, et la naissance de deux filles et de quatre garçons mit le comble à ses vœux. Nous tracerons, dans les quatre chapitres qui vont suivre, la vie de ces quatre illustres rejetons.

IV

Dès cette époque, la vie de J.-P. Abbatucci est toute entière remplie par des actes accomplis pour la patrie. Il fut envoyé dans la partie du delà des monts, pour y rétablir l'ordre ; il avait le titre de président commandant la partie du delà des monts. J.-P. Abbatucci, au milieu des guerres civiles qui agitaient la Corse grâce aux instigations de Gênes, parvint à ramener la concorde et l'unité dans cette partie de l'île, et les populations reconnaissantes, dans une consulte tenue au couvent de *Petralo*, le nommèrent général. Paoli, qui eut l'air d'approuver cette élection, la vit pourtant d'un mauvais œil. Ce grand capitaine fut circonvenu par son entourage qui lui montrait un rival de sa gloire dans le nouvel élu, et qui lui fit craindre la puissance et la popularité croissante de J.-P. Abbatucci.

Paoli se rendit lui-même auprès d'Abbatucci, en donnant à son voyage un prétexte politique. Il sonda de ses yeux le pouvoir de son adversaire ; il entendit les acclamations dont il était salué ; il vit la nombreuse escorte qui l'accompagnait. Tout cela fut commenté, interprété, envenimé par ses officiers. L'arrestation de J.-P. Abbatucci fut décidée et elle eut lieu peu après au couvent d'Ornano. Pour donner le change aux populations furieuses, Paoli leur affirma que leur général avait été envoyé en mission. En attendant, J.-P. Abbatucci était détenu dans les prisons de Corte, où il charmait par des études poétiques les longues heures de sa captivité. Heureusement son frère, officier dans l'armée vénitienne, arriva en Corse, et négocia sa mise en liberté. J.-P. Abbatucci dut se retirer quelque temps sur le continent. Il visita d'abord Venise et puis la Toscane où il passa plusieurs mois. Il rentra en Corse, où les amis de Paoli avaient fait comprendre à ce chef de l'indépendance qu'il fallait un homme populaire au-delà des monts.

La réconciliation entre les deux anciens rivaux fut complète, et Paoli devenu même l'ami de J.-P. Abbatucci, voulut présenter sur les fonts baptismaux l'aîné de ses fils, Jacques-Pierre-Charles, père du ministre de la justice actuel. Cette réconciliation sincère des deux parts avait le plus noble mobile. J.-P. Abbatucci avait compris que l'union seule de tous les partis en Corse pouvait triompher des ennemis extérieurs. Il avait généreusement alors dépouillé son ancienne rivalité, et pour ne pas épuiser son pays dans de stériles et malheureuses guerres intestines, il avait consenti à devenir le second, le lieutenant de Paoli.

V

Gênes voyait avec terreur le caractère grave que prenait la résistance en Corse. Menacée dans ses possessions, menacée sur son propre territoire, elle eut encore recours à Louis XV. Le duc de Choiseul comprit de quelle importance serait pour la France la possession de cette île, point avancé dans la Méditerranée. Il offrit d'abord la médiation des armées françaises, et fit occuper militairement toutes les places maritimes de l'île. En 1768 un traité fut conclu entre le sénat de Gênes et le cabinet de Versailles, par lequel Gênes céda la Corse à Louis XV qui en prit le titre de roi, et décréta la réunion de cette île au royaume de France. Ce honteux trafic exaspéra les Corses. La lutte recommença plus terrible et plus ardente. Les faits de cette défense suprême n'appartiennent pas à cette histoire ; toutefois, nous ne pouvons passer sous silence les batailles où se distingua l'homme dont nous retraçons la vie. Il combattit avec éclat à Furiani, à Borgo ; il contribua puissamment de son bras et de ses conseils aux nombreuses défaites du marquis de Chauvelin. Mais cinquante bataillons à la tête desquels se trouvait un nouveau général, vinrent laver l'affront fait aux armées françaises. Comme ses compatriotes, J.-P. Abbatucci fit des efforts inouïs pour arrêter l'invasion et résister aux troupes du comte de Vaux. — Mais à la désastreuse et sanglante bataille de *Ponte-Nuovo*, les troupes indisciplinées de Corses furent écrasées par 22,000 Français. — J.-P. Abbatucci accomplit encore quelques brillants faits d'armes contre l'armée du comte de Narbonne ; vains efforts, une lutte sérieuse était devenue impossible. Il se rendit alors dans le Fiumorbo près de Paoli, qui alla s'embarquer sur une frégate anglaise. Il voulut suivre le général en chef des Corses dans son exil volontaire ; mais Paoli s'y opposa en lui disant :

« Vous avez une famille, des petits-enfants, restez ; vous « pouvez être utile à la patrie, même en vous soumettant au roi « de France ; il nous faut des hommes fermes et loyaux pour « combattre les traîtres qui nous ont abandonnés lâchement. »

J.-P. Abbatucci se soumit loyalement à la France. « Je ne

« cacherai pas, dit ce général, dans un mémoire autographe
« que nous avons lu avec le plus vif intérêt, je ne cacherai
« pas d'avoir été le dernier des chefs de Corse à me soumettre
« aux armes de la France, parce que je me croyais en droit
« de me défendre moi-même et de défendre ma patrie; mais
« je peux me vanter avec vérité qu'après avoir mis bas les ar-
« mes et prêté serment de fidélité, personne n'a eu plus de
« zèle, plus d'empressement à concilier les intérêts du nouveau
« souverain et les avantages de ma nation. »

La France, pour récompenser la sincérité de sa soumission,
et son zèle conciliateur, le nomma lieutenant-colonel du régiment provincial formé en Corse. D'un autre côté, cette île
ayant été dénommée pays d'États, J.-P. Abbatucci qui y représentait la noblesse, en fit toujours partie. Ses sentiments
d'indépendance qu'il avait conservés s'y firent jour.

En 1778, le comte de Marbeuf et le comte de Narbonne se
disputaient le gouvernement de la Corse. J.-P. Abbatucci,
dans l'assemblée des États, se déclara pour Narbonne. Marbeuf, qui espérait être élu à l'unanimité, très mécontent de se
voir disputer le pouvoir, et sachant qu'Abbatucci avait entraîné au parti de Narbonne un grand nombre de voix, lui
voua une haine implacable et résolut sa perte.

VI

Nous touchons maintenant à la partie la plus palpitante de
la vie du général J.-P. Abbatucci. Ce ne sont plus à des ennemis armés en guerre qu'il a affaire, lui venant présenter
loyalement la bataille. La calomnie l'enlace, la trahison l'en-
veloppe, le mensonge l'accuse secrètement, des ennemis invi-
sibles, insaisissables, le poursuivent, le harcèlent, tendent des
piéges, dressent des embûches. La loyale épée ne peut rien
contre ces subtiles menées, et son arme frapperait dans le
vide, comme Énée dans sa descente aux enfers, frappait de
son épée des ombres vaines qui voltigeaient autour de lui.

Le comte de Marbeuf, dans le cœur de qui couvait la ven-
geance, saisit la première occasion qui se présenta de satisfaire
sa haine. On instruisait le procès d'un nommé Sanvito, habitant
du village de Guitera, accusé d'assassinat. J.-P. Abbatucci
pouvait donner de nombreux renseignements sur la conduite de
cet homme ; aussi, sur la demande du procureur du roi Ponte
et du lieutenant général Beaumanoir qui commandait à Ajaccio, fut-il chargé d'instruire cette affaire. Sur l'indication du
curé de Cozzano, J.-P. Abbatucci désigna deux témoins, qui
déposèrent de la culpabilité de Sanvito, et se rétractèrent
plus tard. Par ordre du conseil supérieur, ces hommes furent
arrêtés comme faux témoins. Deux conseillers furent chargés
de prendre sur les lieux de plus amples informations sur l'affaire. L'avocat général du conseil supérieur était un certain
Buffin, âme damnée de Marbeuf. Il insinua au gouvernement
qu'on aurait pu compromettre J.-P. Abbatucci dans ce procès.
On grossit dès lors l'affaire outre mesure ; ce même général général envoya deux conseillers, l'un français, âme vénale, et
l'autre ennemi d'Abbatucci, et qui accusait ce dernier d'avoir
fait condamner à mort son fils, secrétaire de Paoli. Ce secrétaire, qui trahissait son général en entretenant, à l'époque de
la résistance, des relations coupables avec les Français, avait
justement mérité l'arrêt qui l'avait condamné à être fusillé.

« Dévoués à Marbeuf et à l'intendant, dit l'historien Re-
« nucci (1), ces commissaires partirent de Bastia pour Ajac-
« cio par mer, emmenant avec eux Sanvito et les deux jeunes
« témoins qui s'étaient rétractés, afin que le premier, mali-
« cieux par nature, et endoctriné par les conspirateurs, portât
« les deux autres à déclarer qu'Abbatucci les avait subornés.
« L'attente de la commission ne fut pas trompée. Les deux
« témoins prisonniers, arrivés à Ajaccio, déposèrent qu'ils
« avaient été subornés par le lieutenant colonel Abbatucci
« contre Sanvito. Aucun autre témoin, ni à Ajaccio, ni à Zi-
« cavo ne déposèrent contre Abbatucci. Les commissaires
« alors s'avilirent jusqu'à écrire la déposition de madame Co-
« lonna Bozzi, dans un sens opposé à celui qu'elle lui avait
« donné ; de sorte que le secrétaire interprète refusa de signer,
« circonstance qui le fit suspendre de ses fonctions pendant la
« durée de ce procès. »

L'arrêt de condamnation fut prononcé le 3 juin 1779. Ce

(1) Histoire de la Corse, t. 1, p. 163.

fut un jour de tristesse pour la ville de Bastia ; la consterna-
tion était sur tous les visages ; toutes les fenêtres étaient fermées en signe de deuil, comme si un grand malheur avait
fondu sur cette ville. C'est que c'était en effet un arrêt infâme, celui qui livrait aux peines des criminels un homme
aussi honorable et aussi honoré. Rien n'avait arrêté ses juges :
ni l'infamie d'un jugement inique, ni les talents de l'accusé,
ni sa loyauté reconnue, ni ses services proclamés, ni son courage justement vanté : la haine avait été sans pitié comme la
vénalité sans pudeur. Les états, indignés de ce jugement, se
réunirent aussitôt, et prirent une délibération tendant à faire
suspendre l'exécution de l'arrêt ; ce fut en vain. On soumit
une seconde délibération de ces états à Marbeuf, pour qu'il
retardât l'exécution de la sentence jusqu'à la réponse qu'on
attendait du conseil du roi auquel on avait soumis l'affaire.

Toutes ces tentatives furent inutiles ; J.-Pierre Abbatucci
partit pour Toulon.

Tel est l'aveuglement des hommes, telle est la force de la
calomnie, telle est la faillibilité et la faiblesse des jugements
humains ! telle est aussi souvent la perversité des juges !
« Donnez-moi, disait Richelieu, deux lignes d'un homme, et
avec cela je m'engage à le faire pendre. » Tant il est vrai que
la malignité de certains esprits peut trouver sujet à condamnation, même dans les mots les plus simples et les plus
innocents !

Mais les lois éternelles, les lois divines ne pouvaient pas
toujours être ainsi humiliées à couvrir de leur manteau un
arrêt infâme.

Le frère aîné de J.-P. Abbatucci, lieutenant-colonel et gouverneur de Brescia, son beau-frère de la Costa, partirent pour
Paris, munis de toutes les pièces relatives au procès. Ils
allaient plaider près du pouvoir suprême la cause de l'innocence opprimée. Après deux ans d'instances, de démarches,
de travaux infatigables pour faire triompher la vérité, ils parvinrent à faire rendre la liberté à J.-P. Abbatucci, et la cause
fut renvoyée en dernier ressort devant le parlement de Provence. L'arrêt de Bastia fut cassé, l'innocence d'Abbatucci
hautement proclamée, et les faux témoins, qui étaient revenus
sur leur faux témoignage, furent pendus en effigie. — Le curé
de Cozzano qui avait sollicité le faux témoignage, prit la fuite.

VII

J.-P. Abbatucci se rendit à Paris ; Louis XVI lui rendit son
grade, le décora de la croix de Saint-Louis, et le nomma plus
tard maréchal de camp. Présenté au roi et à la famille royale,
il reçut des marques non équivoques de leur bienveillance. Le
duc d'Artois, qui assistait à cette présentation, s'écria, en
face de ce noble caractère si éprouvé par le malheur : « Si
« j'étais roi, je le nommerais gouverneur d'une province. »

En 1785, il rentra en Corse. Quelques années plus tard
éclata la révolution de 89. A cette époque un décret de l'Assemblée nationale associa la Corse aux bénéfices des lois françaises. Paoli put même rentrer dans ses foyers. Le vieux défenseur des libertés corses, oubliant ses anciennes répugnances,
accepta le titre de lieutenant général et de commandant de
l'île. Il servit d'abord avec loyauté les intérêts de la France ;
mais entraîné par son ancien patriotisme, dominé par des in-
fluences étrangères, et peut-être cédant à des instincts secrets
d'ambition, il prit en 1793, aidé par l'Angleterre, les armes
contre la République française.

Jacques-Pierre Abbatucci ne se considérait plus seulement comme Corse, il avait accepté la France, il était
Français. Il prévoyait du reste que la Corse n'avait pas en
elle seule la matière de sa prospérité ; que son indépendance,
sa grandeur, les progrès qu'elle pouvait faire, ne pouvaient
s'abriter ou se développer que sous l'influence puissante de la
France. Il déploya donc le nouveau drapeau qu'il avait adopté,
posa en face de Paoli sa vieille rivalité, se dressa contre les
rebelles, souleva contre eux les cantons de Talavo, d'Istria, de
Bastelica. Il sacrifia ses biens au service de la grande patrie,
acheta des armes pour ses compatriotes, et sa maison de
Zicavo devint le quartier général du parti français. Mais il
devait payer cher son dévoûment à la France.

Il marchait sur Ornano pour repousser une colonne d'insurgés, tandis que deux des lieutenants de Paoli, Pierre-Paul Ce-
sari et Castanieri, à la tête de 2,000 hommes et de quelques

Dernier effort de Jacques-Pierre Abbatucci à la bataille de *Porte-Nuovo*, pour sauver l'indépendance de son pays.

pièces de canon, s'emparaient du village de Zicavo. Les rebelles incendièrent et rasèrent sa maison, ravagèrent ses terres, coupèrent ses vignes, enlevèrent ses troupeaux.

« Les Abbatucci restés sur le sol insulaire, dit M. Begin dans son histoire de Napoléon, ne défendaient pas avec moins d'ardeur la cause française que ne le faisaient les Abbatucci présents sous les drapeaux. Un jour les partisans d'Elliot viennent à Zicavo, village des environs d'Ajaccio où se trouve la maison patrimoniale de cette illustre famille, qu'occupait seule madame Innocence Abbatucci avec son fils unique : la maison est entourée, le chef du détachement ordonne de l'ouvrir, les menaces se succèdent; mais Innocence se barricade, répond aux sommations par des coups de fusil, fait grand bruit, parle, va, vient, brise, entasse les meubles pour laisser supposer que la maison a de nombreux défenseurs, et ne l'abandonne qu'après qu'on eût miné les fondations et jeté sur le toit des projectiles incendiaires. Confiant alors son fils à une domestique dévouée qui cette nuit même le porta dans la petite ville de Sartène, elle fait une retraite honorable et peut gagner une maison amie. La maçonnerie granitique du berceau des Abbatucci résista aux tentatives de destruction opérées contre elle; on ne put ni la renverser ni la brûler; de sorte qu'elle est restée un des monuments historiques du pays (1) ».

Malgré les pertes que subit J.-P. Abbatucci, il vola à la défense de Calvi que bloquaient les Anglais; il prit en second le commandement de la place et soutint une longue lutte. Mais bloquée par terre et par mer, Calvi dut capituler, et J.-P. Abbatucci fut choisi pour arrêter avec le général anglais Stuart les articles de la capitulation. La garnison sortit avec les honneurs de la guerre et fut dirigée sur Toulon.

(1) Voir, tome II, pages 201.

J.-P. Abbatucci, forcé de se retirer sur le continent, y porta une de ces misères pleines de noblesse et de dignité. Abbatucci écrivit à l'Assemblée nationale une lettre où il lui exposa avec la simplicité d'une âme grande et fière ce qu'il avait fait pour la France, ne demandant en récompense que le droit de la servir encore. « Mon fils aîné, disait-il, languit depuis deux ans « dans le château de Calvi. Le traître Paoli et l'administra- « teur rebelle avaient calculé qu'en gardant le fils comme otage, « ils tiendraient le père; mais ils ne connaissaient pas la « trempe des âmes patriotes... La voix de l'honneur a été plus « puissante que celle de la nature..... Abbatucci a un fils ca- « pitaine d'artillerie, âgé seulement de vingt ans ; ses cama- « rades ont émigré; mais lui sert la France dans l'armée du « Nord. Ses deux autres fils, dont l'un fut blessé par un éclat « de bombe au siège de Calvi, sont disposés à sacrifier leur « vie pour la juste cause de la liberté et n'ambitionnent que « l'occasion de combattre les ennemis de la République. »

Tant de courage, de loyauté et d'abnégation ne pouvaient pas rester dans l'oubli. La République n'était pas ingrate envers les soldats qui la défendaient, et Jacques-Pierre Abbatucci reçut le grade de général de division à l'armée de Rhin-et-Moselle. Mais il ne perdit jamais la Corse de vue. Il entrevoyait le jour où la France voudrait définitivement reconquérir la Corse et où il pourrait être choisi pour soumettre les rebelles et chasser les Anglais. Il ne voulut donc pas trop s'éloigner de son île natale, et alla combattre en Italie sous les ordres du général Bonaparte. Sa noble attente fut trompée : une expédition en effet s'organisa contre les Anglais qui opprimaient la Corse; mais lui ne fut pas choisi pour la commander. Les généraux corses Salicetti et Gentili assumèrent cet honneur, qui n'aurait du reste rien ajouté aux lauriers d'Abbatucci. Toute cette terre de Corse n'avait-elle pas été témoin de ses exploits et y avait-il un seul écho qui n'eût jamais répété son nom glorieux?

Vieux et fatigué des combats, attristé par la perte de plusieurs de ses courageux enfants, il rentra dans ses foyers et pratiqua jusqu'à sa mort, arrivée en 1813, les plus nobles vertus domestiques.

ABBATUCCI

(Jacques-Pierre-Charles)

CONSUL GÉNÉRAL.

CHAPITRE II

I

Nous venons de tracer cette vie agitée, aventureuse, dramatique, du général Jacques-Pierre Abbatucci. Les combats s'y succèdent, les actions d'éclat s'y multiplient, les incidents s'y croisent. Sa carrière a été longue et féconde de faits, et a présenté un vif intérêt, que nous avons cherché, autant que possible, à ne pas atténuer dans notre narration. Mais la mort, en coupant le fil des jours du général, ne trancha pas les nobles destinées du sang des Abbatucci. Jacques-Pierre Abbatucci avait quatre fils, héritiers de son nom et de ses vertus. Tous ont porté dignement la gloire qui leur était léguée; l'un d'eux l'a élevée plus haut, mais aucun ne l'a laissée se ternir.

Jacques-Pierre-Charles Abbatucci fut le premier des enfants mâles du général dont nous venons d'écrire la biographie. Il naquit à Ajaccio le 6 décembre 1765.

Au milieu des agitations de sa vie, le général ne négligea pas l'instruction de ses fils; il avait trop bien senti de quel puissant auxiliaire lui avait été la science pour ne pas leur en inculquer tous les principes. Aussi, Jacques-Pierre-Charles fut-il élevé dans un des meilleurs collèges d'Italie.

Des quatre fils du général, trois, séduits par l'éclat de la vie de leur père, avaient voulu ceindre l'épée. L'aîné, que des dispositions particulières rendaient plus propre à la carrière diplomatique, entra dans la vie civile. J.-P.-C. Abbatucci se distingua par un esprit très droit et un caractère très ferme. Sa parole, sans avoir un grand éclat, avait de l'élégance et cette onction qui entraîne la conviction. Ses brillantes qualités se produisirent plus tard dans le monde; il tenait adorablement la conversation sans s'en emparer; son geste, plein d'une grâce onctueuse, traduisait bien ses pensées d'une élégante finesse et d'une agréable légèreté.

Ces qualités d'une éloquence souple lui furent surtout d'un grand secours dans les assemblées tumultueuses de la Corse pour assurer l'influence de son père. Il trouva l'occasion de les déployer lors de la rentrée de Paoli en Corse.

L'arrivée du général en chef fut un vrai triomphe. De tous côtés on proclamait son nom; depuis vingt ans qu'il avait quitté cette terre, où chaque vallée, chaque colline rappelaient un de ses exploits, sa réputation n'avait fait que grandir. Les pères avaient raconté ses hauts faits à leurs enfants; il était devenu le grand homme de la Corse; on disait alors Paoli comme nous disons aujourd'hui Napoléon. Sa vie était devenue la glorieuse légende de ce pays. De toutes parts on accourait sur son passage; des haies épaisses de curieux bordaient la route par où il devait passer; les enfants montaient sur les arbres pour mieux contempler le héros; des députations de jeunes filles venaient de partout lui apporter les vœux et les sympathies des populations. L'enthousiasme était au comble; au milieu d'immenses acclamations, de trépignements, il fut élu président de l'Assemblée en Corse. Il est aisé dès lors de comprendre que, pour le moment, la rivalité des Abbatucci devait s'effacer et céder au torrent de l'opinion. Il leur était impossible de lutter avec avantage contre la popularité de Paoli. Toutefois, Jacques-Pierre Abbatucci fut nommé scrutateur dans l'assemblée que présidait Paoli; il fut, en outre, élu à l'unanimité président de l'assemblée de district à Ajaccio, et son fils, dont la vie nous occupe en ce moment, fut nommé juge de tribunal, avec Joseph Bonaparte et deux autres habitants notables. Ces élections se renouvelèrent périodiquement, et toujours les Abbatucci obtenaient des majorités de votes considérables.

II

Une expédition venait d'être décrétée par l'Assemblée nationale contre l'île de Sardaigne. L'escadre chargée de cette expédition arriva en Corse, à Saint-Florent. L'amiral Truguet, commandant de l'escadre, envoya à Corte M. Sermonville, attaché d'ambassade, pour connaître le contingent de troupes régulières et de gardes nationaux que la Corse pourrait joindre à l'armée expéditionnaire. A cette époque, Jacques-Pierre-Charles Abbatucci était membre du conseil général du département; il fut chargé d'aller combiner avec Paoli ce qu'on pouvait faire dans cette occasion. Le général corse, toujours hostile à la France, sans se découvrir encore ouvertement, allégua que le roi de Sardaigne avait, pendant la guerre qu'on avait eu à soutenir contre Gênes, conservé une neutralité dont on devait lui savoir gré. Cette conduite ambiguë de Paoli donna des soupçons à l'Assemblée nationale, qui ne tarda pas à démasquer les menées anti-françaises de l'ancien chef de la Corse.

On était à l'époque des grandes transformations sociales; le vieux monde s'écroulait; le peuple manifestait son action de toutes parts, et entrait dans la vie politique. De tous côtés se formaient des sociétés populaires. Les puissances étrangères, qui craignaient l'invasion des idées rénovatrices écloses en France, voulaient éteindre la révolution dans son foyer, et pressaient de leurs armées les frontières de la République. La Corse elle-même allait être envahie.

Pour étudier l'état du pays, la Convention envoya des commissaires dans cette île.

Aussitôt la société populaire d'Ajaccio, pour manifester son dévoûment à la cause française, décida d'envoyer une députation aux commissaires de la République. On nomma à cet effet J.-P.-C. Abbatucci, auquel on joignit Napoléon Bonaparte, Meuron, Multedo et Barbéri. Dans cet intervalle, la Convention, éclairée sur les projets de Paoli, l'avait mis hors la loi. La députation eut en route la connaissance de cet arrêt. Elle était arrivée à Bocognano, et là des troupes armées la sollicitaient diversement.

Des groupes attachés à Paoli voulaient forcer la députation à se rendre auprès de cet ennemi perpétuel des Français; d'autres, plus sympathiques aux nouvelles idées, plaidaient pour qu'on lui laissât sa liberté d'action. Avec l'appui de ces derniers, la députation retourna à Ajaccio, où s'organisait déjà une colonne pour aller la dégager d'entre les mains des soldats de Paoli.

J.-P.-C. Abbatucci se rendit alors à Zicavo, et, prenant par le Fiumorbo une route détournée, il alla trouver les commissaires de la Convention. Ceux-ci accueillirent avec faveur le fils du plus fervent, du plus puissant partisan de la France. Le général Salicetti lui dit dans leur entrevue : « Dans quatre jours nous irons avec Lacombe à Ajaccio; retournez chez vous, réunissez le plus de monde que vous pourrez, et venez nous rejoindre. On formera un bataillon avec vos gens, et vous en aurez le commandement. »

Nous ne retracerons pas les incidents de cette époque de guerres intestines dont la Corse fut le théâtre, et pendant lesquelles les Abbatucci, ainsi que nous l'avons détaillé dans le chapitre précédent, jouèrent un rôle important. J.-P.-C. Abbatucci fut témoin des glorieux exploits de son père; il combattit souvent à ses côtés, et porta au milieu des combats ce courage, cette valeur héréditaire dans la famille des Abbatucci. Il assista au désastre de son parti, au ravage de ses biens; et, comme son père, il supporta sans se plaindre cette noble pauvreté que leur avait valu leur dévoûment à la France.

III

Depuis longtemps, Jacques-Pierre-Charles Abbatucci avait noué d'étroites relations d'amitié avec la famille Bonaparte, notamment avec Joseph et Lucien. Ces liens se resserrèrent même à Paris en 1799, et Joseph Bonaparte avait tous les jours avec lui les rapports les plus intimes. Lucien, de son côté, qui savait apprécier les qualités de son cœur et son habileté conciliatrice, le chargea de négocier un rapprochement entre lui et le député Citadella, qui suscitait des embarras à son admission à l'Assemblée.

À l'établissement du consulat, il lui donna une mission politique de confiance dans la Normandie, la Picardie et tous les départements de la Belgique. Le but apparent de cette mission reposait sur des intérêts matériels relatifs à ces contrées; le but caché était de sonder l'esprit public, surtout à Gand, à Anvers, à Bruxelles et à Mons. Dans cette occasion, il déploya toutes les ressources de son esprit; il lui fallait faire preuve de tact, d'habileté, de fine observation. Il sonda la situation avec une sûreté de vue qui charma Lucien Bonaparte, alors ministre de l'intérieur. Aussi, dès son retour, fut-il nommé inspecteur des bureaux du ministère de l'intérieur.

Plus tard un poste plus important lui fut confié, il fut nommé consul général à Trieste; à l'occasion de cette nomination, Joseph Bonaparte à qui il la devait, lui dit un jour de grande réception :

« Je vous donne en même temps une mission de confiance; « vous irez quelque temps résider à Zara, où est établi le quar-« tier général d'une armée française; il m'importe d'être tenu « au courant de tout ce qui peut se passer dans ce pays que « l'Adriatique sépare de mes Etats; si l'armée fait des mou-« vements, suivez-là ! »

Il porta là encore un esprit sûr et investigateur; il promena partout son fin coup d'œil et sut être d'une grande utilité pour son souverain.

Au camp de Zara il se lia avec les premiers généraux français qui s'y trouvaient, entre autres avec Marmont. Il ne sera pas sans intérêt pour le lecteur, au moment de la publication scandaleuse des mémoires de ce général, de connaître l'opinion de J.-P.-C. Abbatucci sur le duc de Raguse, opinion que nous copions textuellement dans un manuscrit autographe laissé par l'homme dont nous retraçons l'existence.

« Marmont, il ne reste plus de doute à cet égard, trahit « l'Empereur en 1814; certainement la première défection « vint des généraux de division qui entraînèrent les troupes; « mais s'il n'avait pu arrêter le mouvement, il aurait dû res-« ter personnellement fidèle à l'Empereur. Pourtant nous « pensons qu'il a dû beaucoup hésiter à ce moment suprême, « car il aimait Napoléon. En 1808, nous promenant sur l'es-« planade de Zara, il me dit que tel était son dévoûment « pour l'Empereur qu'il voudrait, dans les batailles, à son « côté, lui épargner la moindre égratignure et qu'il sacrifierait « volontiers un bras pour lui. »

L'Illyrie venait par le traité de Vienne, en 1809, d'être cédée à la France; Joachim Murat alors roi de Naples, donna à J.-P.-C. Abbatucci juridiction consulaire sur les provinces illyriennes. En récompense de sa bonne administration, il le nomma plus tard chevalier de l'ordre de Sicile et lui envoya la grande médaille d'honneur.

Pendant son séjour à Trieste, J.-P.-C. Abbatucci s'était lié avec le général Bertrand qui avait remplacé Marmont. Le maréchal se souvint plus tard de cette ancienne amitié, et lorsque, en 1813 Abbatucci vint à Paris, il s'empressa de le présenter à l'Empereur Napoléon; il voulut bien le reconnaître; il lui fit un accueil très favorable. Quelques jours après, l'Empereur traversait la rue Richelieu avec tout son état-major; il aperçut Abbatucci, s'arrêta et lui tendit la main.

IV

Jusqu'alors, Jacques-Pierre Charles Abbatucci nous est apparu comme fonctionnaire, remplissant avec intelligence et avec zèle les devoirs des différentes charges dont il a été investi. Il va maintenant se montrer sous un nouveau jour; il va devenir l'ami dévoué de l'infortune, le compagnon inséparable dans l'adversité. Il servira avec abnégation, par le simple élan de son cœur, ces majestés détrônées que renversèrent la trahison et la fatalité.

Après le désastre de Waterloo il se trouvait à Paris. Le roi Jérôme s'y trouvait aussi caché sous un pseudonyme. Il l'avait connu à Trieste après l'abdication de l'Empereur où le roi avait pris le nom de comte de Hartz. Le roi Jérôme apprenant la présence à Paris d'Abbatucci, lui fit indiquer le lieu de sa retraite, afin qu'il vînt le trouver. Dès ce moment, J.-P.-C. Abbatucci devint le compagnon, l'ami du roi de Westphalie. Et durant tout le temps d'une fuite périlleuse à travers les ennemis, au milieu des incidents qu'amenaient à chaque heure le nom, la position du roi Jérôme, il ne le quitta pas d'un seul instant. Il partagea ses transes, ses ennuis, son adversité; il passa le Rhin avec lui, et mérita d'être regardé, aussi bien que le général Bertrand, comme le type de la fidélité.

J.-P.-C. Abbatucci rentra en France; il vint à Paris où il se lia avec toutes les illustrations de la littérature et de la politique. Il voyait Casimir Perrier, Foy, Châteaubriand, Laffitte, La Fayette, etc., etc.

Revenu en Corse, il y agrandit son ancienne popularité, et après 1830 il balança souvent, dans les élections, l'influence des Sébastiani dans la lutte engagée entre le général et son fils. Après une carrière si bien remplie, il put voir son œuvre couronnée. Les belles actions des Abbatucci allaient recevoir leur récompense : le fils de J.-P.-C. Abbatucci était à la veille d'être nommé ministre de la justice. J.-P.-C. Abbatucci le savait. Il mourut au mois d'avril 1851 à l'âge de 86 ans, au milieu de la glorification de sa race. À l'époque de sa mort, son petit-fils Charles Abbatucci était avec son père représentant du peuple.

CHARLES ABBATUCCI

GÉNÉRAL DE DIVISION.

CHAPITRE III

I

À l'extrémité nord de la ville d'Ajaccio, au bord d'une promenade à laquelle il a donné son nom, s'élève la statue du général Charles Abbatucci.

Le héros de Huningue a en face de lui cette Corse qu'il a illustrée, ainsi que tant d'autres capitaines; cette Corse qui s'est levée en masse pour venir jeter son offrande dans le moule où se coulait sa glorieuse image. Derrière lui s'étend ce beau golfe d'Ajaccio, cette mer bleue, dont le profond murmure semble un vague écho des acclamations qui ont salué Charles Abbatucci lorsqu'on l'a élevé sur son piédestal. Son regard s'illumine d'une fierté indomptable; le sentiment de la situation anime singulièrement ce bronze où l'on sent circuler un sang héroïque. Le geste est nerveux et impératif : le général froisse d'une main crispée par l'indignation la lettre du général autrichien qui le somme de rendre Huningue; l'autre bras est fermement abaissé vers la terre; et, d'un doigt plein de défi, le héros, montrant la place qu'il défend, dit à l'ennemi, d'une bouche frémissante : *Viens la gagner !*

Nous avons assisté à l'inauguration du chef-d'œuvre de M. Vital Dubray. Les populations accourues, les arcs de triomphe élevés au capitaine dont le bronze avait glorifié les traits, les discours qui proclamaient une renommée pure et éclatante, les *vivats* qui retentissaient autour de nous, toute cette solennité nous avait profondément ému. Nous avions là sous nos yeux toutes les grandes manifestations des facultés humaines : la force, l'énergie, l'héroïsme personnifiés dans un jeune général de 26 ans. Ce bronze animé, ce beau produit d'une intelligence éminente, d'une main inspirée ; ces élans sympathiques de tout un peuple, tout cela semblait résumer les grands et beaux côtés de l'humanité. Un sentiment inconnu nous envahissait et nous portait au niveau de la situation ; nous étions agité par une sorte de lyrisme étrange, et en ce moment nous eussions voulu être poète, tant notre âme avait besoin de s'épandre au dehors, de dire son admiration, de chanter !

La poésie est dans tout cœur ; il s'élabore ainsi dans toute âme plus d'un poème passionné, indécis, tronqué ; et ces chants confus passent sans laisser de trace dans le cœur où ils ont vibré. Seul l'homme, touché du doigt de Dieu, a cette double vue, ce regard sûr et implacable sous lequel se réfléchissent les sentiments qui agitent son être ; aussi en garde-t-il longtemps l'impression, car le poète se souvient, la poésie c'est le souvenir.

Oui, un barde manquait à cette fête nationale.

Un monument d'airain, c'est la gloire immobilisée, localisée ; un monument poétique, c'est la gloire qui court, qui circule ; c'est Homère vulgarisant chez tous les peuples, chez toutes les générations, depuis plus de trente siècles, les hauts faits d'Agamemnon, d'Ulysse, d'Hector, d'Achille ! L'airain attend le regard ! La poésie va partout, et dans tous les âges, solliciter l'attention.

Cette lyre, qu'un vent inconnu faisait vibrer en nous, ne rendait aucun son sous nos doigts inhabiles ; le chant manquait à notre voix ; la forme poétique faisait défaut aux inspirations de notre cœur. Pourtant, l'impression reçue persistait dans notre âme. Nous avions gardé le souvenir de ce jour de glorification. L'homme aime à raconter ce qui le frappe ; l'admiration a fait le poète ; elle a aussi fait l'historien. La forme est différente, mais le but est le même. Si Achille, si Hector vivent par Homère, Alcibiade vit par Plutarque, Agricola vit par Tacite, Annibal vit par Cornélius Népos.

La forme de l'histoire cadrait mieux avec nos facultés. Dans la poésie, où il n'est pas de degré du médiocre au pire, il faut être beau et grand à tout prix. Être faible, c'est être mauvais. L'histoire admet une certaine médiocrité qui la rend plus abordable. Voilà pourquoi nous allons essayer d'écrire l'histoire du général Charles Abbatucci. Bien d'autres l'ont tracée avant nous, mais les histoires se refont sans cesse. Quelques traits ignorés, certains nouveaux aperçus donnent à un livre une raison d'être, fournie du reste par l'importance constante du sujet.

Quelle place demandons-nous à côté des écrivains qui ont célébré les exploits du héros de Huningue ? Quel sentiment nous guide à écrire cette vie ? Nous répondrons : Quelle place demandait cette voix isolée qui se mêlait, lors de l'inauguration de la statue du général, aux acclamations de milliers d'admirateurs ? Quel sentiment guidait ces cœurs qui acclamèrent spontanément cet illustre enfant de la Corse ?

Nous serons donc une voix parmi ces voix, un cœur parmi ces cœurs !

II

Le 15 août 1768, la Corse, après avoir longtemps défendu son indépendance, était réunie à la France, avec laquelle elle a depuis cette époque contracté des liens indissolubles.

Le 15 août de l'année suivante, chose vraiment remarquable, naissait Napoléon, consécration glorieuse et immortelle de cette union.

Le 15 novembre 1771, Charles Abbatucci naissait à Zicavo.

Dès l'âge le plus tendre, il annonça ce qu'il devait être. Son père, dont nous avons tracé la biographie, était à même de diriger son éducation, car, comme on sait, à des connaissances scientifiques très étendues, il joignait de profondes études littéraires. Avec un pareil maître, le jeune Charles fit de rapides progrès. Il avait une intelligence prompte, qui s'emparait avec facilité des notions les plus compliquées comme les plus élémentaires. Son éducation marchait de pair avec son instruction.

La Corse, encore frémissante des luttes qu'elle avait soutenues, jalouse de sa liberté, supportait avec peine la domination étrangère. Son peuple était une armée ; tous ceux que leur position sociale, leurs capacités, leur dévoûment, désignaient à l'attention publique, étaient prêts à se mettre à la tête d'un mouvement. Une agitation sourde régnait encore, comme chez toutes les nations où une puissance nouvelle est encore mal affermie et ne se maintient que par l'épée. Il n'y avait point de mouvements insurrectionnels, mais chacun restait dans l'expectative et avait conservé ses armes. Aussi le jeune Charles Abbatucci fut élevé au milieu de ces effervescences, et il contracta, dès son bas âge, une vocation sérieuse pour la carrière militaire.

Initié de bonne heure aux chefs-d'œuvre de la littérature classique, Charles fut bientôt capable de les lire dans les textes originaux. Sous les arceaux des grandes forêts séculaires de la Corse, il errait un livre à la main. Tantôt il se passionnait avec Virgile pour les beautés de la nature champêtre ; tantôt il s'inspirait des grandeurs de l'Iliade. Il apprenait dans Xénophon l'art de lutter avec des ressources insuffisantes ; il lisait dans Thucydide le récit des grandes batailles de l'antiquité ; il puisait dans Tacite cette énergie qui forme les grands caractères. Plus tard, il retrouva, au milieu du tumulte des camps, les écrivains qui avaient charmé son enfance, et ce furent les compagnons des dernières comme des premières années de cette existence si courte et si bien remplie.

Il avait dès lors la conscience des hautes destinées auxquelles il était appelé. Un jour, dans la maison de son père, quelques pièces d'argenterie furent perdues dans ces moments de guerre civile pendant lesquels la famille fut obligée d'émigrer. Sa sœur était inquiète, et ses regrets se décelaient par des larmes. — « Rassure-toi, lui dit Charles, cette perte se réparera aisément. Un jour viendra où je ferai une brillante carrière, et alors nous serons en état de remplacer largement cette argenterie. »

Ces paroles naïves sont pour ainsi dire des signes précurseurs qui révèlent l'homme dans l'enfant.

Il compléta ses études à l'université d'Aix en Provence. Il s'y montra grave, réfléchi ; mais l'assiduité qu'il mettait à profiter des leçons de ses professeurs ne l'empêchait pas de prendre part aux plaisirs de son âge, et de se concilier l'affection de ses camarades. Tous lui gardèrent une place dans leurs mémoires. Un d'eux, M. Choppin d'Arnouville, ancien préfet, lui a consacré les lignes suivantes :

« Abbatucci était, non pas le meilleur élève du collége, mais, « pour nous servir de l'expression de son professeur, le bénédic- « tin dom Flamand, une exception. Savant de premier ordre, le « bénédictin hésitait souvent avant de répondre aux questions « que lui adressait son disciple. Abbatucci faisait exception, « non-seulement par son instruction, mais par sa tenue « méditative, par la sévérité de son maintien, la gravité de « ses paroles, par sa religieuse exactitude à remplir tous ses « devoirs. Il travaillait sans cesse : les sciences, les arts, l'his- « toire, la géographie, le dessin topographique, l'artillerie, « étaient l'objet de ses études de prédilection... Assidu aux « exercices, il prenait peu de part aux jeux et aux amuse- « ments des élèves : on le voyait souvent se promener seul et « pensif dans une allée. Un jour, comme un de ses compagnons « le pressait de se joindre à ses camarades qui l'aimaient, de « détendre un peu son intelligence, il lui répondit : « Vos « parents sont riches, vous pouvez vous amuser ; mes parents « ne le sont pas. Ils se privent pour mon éducation ; je con- « nais mes devoirs envers eux ; je leur dois tout mon temps « pour arriver le plus tôt possible à ne plus être à leur charge. » « Abbatucci avait alors 17 ans. Sa taille était élevée, bien « prise, et sa constitution prouvait la force. Son teint un peu « basané et ses cheveux très bruns indiquaient une nature « méridionale. Sa figure ovale, ses yeux noirs, vifs, péné- « trants, donnaient à sa physionomie un caractère de rare in- « telligence. Son nez italien, droit, bienfait, était en harmonie « avec un menton rond, accentué comme chez les bonnes « races corses. Il y avait dans toute sa tenue, dans ses traits, « dans ses airs de tête un grand recueillement mêlé de fierté, « de sang froid, d'ardeur et de commandement. Il avait le « fluide impératif. »

Charles Abbatucci.

Admis à l'école d'artillerie en 1788, puis à l'école d'application de Metz, Charles Abbatucci, élève d'artillerie le 1er septembre 1789, reçut les épaulettes de lieutenant en 1790.

III

Peu de temps après, l'Europe se coalisa contre la France, et les institutions nouvelles qui y prévalurent sur l'ancien régime menacèrent toutes les vieilles dynasties. Les Prussiens entrèrent en Lorraine et en Champagne ; la patrie fut solennellement déclarée en danger ; des milliers de volontaires répondirent à son appel, et les victoires de Jemmappes, de Valmy, la défense de Lille inutilement bombardée, attestèrent que les soldats de la révolution étaient dignes des vainqueurs de Fontenoy. Mais ces jeunes gens brusquement arrachés à leurs foyers, inhabiles au métier des armes, sans discipline, sans organisation, avaient besoin de chefs expérimentés, initiés à l'art de la guerre. Une position brillante était naturellement réservée aux élèves de l'école militaire, à ceux qui, comme Napoléon et Charles Abbatucci, ces deux illustres enfants de la Corse, avaient développé par l'étude les facultés dont la nature les avait doués. Aussi, nommé capitaine le 1er novembre 1792, Charles Abbatucci ne tarda-t-il pas à se faire remarquer.

L'armée du Nord était arrivée sur la rive gauche du Rhin ; des bateaux autrichiens chargés de munitions descendaient rapidement le fleuve. Des pièces d'artillerie sont mises en batterie pour les couler. Charles Abbatucci s'aperçoit qu'elles sont mal dirigées et fait un geste d'impatience. — Que trouves-tu là à blâmer ? lui demande le général qui présidait à l'opération ? — Je trouve que cette pièce n'est pas bien pointée. — En ce cas, pointe-la toi-même, et malheur à toi si tu te trompes ! tu joues ta tête. — Oui, je joue ma tête, dit le jeune officier, et jetant au loin son épée, s'approche avec assurance de la batterie, pointe une des pièces, y met le feu et coule une barque autrichienne.

Cette preuve d'adresse et de sang froid fut accueillie par d'unanimes applaudissements, et les assistants crièrent : Vive le général Abbatucci ! ce grade que lui conférait prématurément l'acclamation de ses frères d'armes, il ne devait l'obtenir qu'après quelques rudes campagnes.

Ainsi chose vraiment remarquable et qui fait honneur à notre patrie ! c'est Charles Abbatucci qui le premier ouvrit le feu sur les bords du Rhin ; c'est Napoléon qui fit tonner le dernier coup de canon sur le champ de bataille de Waterloo Tous deux, enfants de la Corse, étaient destinés à accomplir de grandes choses ; marqués du doigt de Dieu pour le salut de la patrie en péril, ils étaient sortis de cette île si féconde en grands hommes, pour vaincre les ennemis de la France, pour transformer l'édifice social, et ouvrir à la civilisation tout un monde nouveau pour elle. Abbattucci moissonné à la fleur de l'âge, comme Hoche, Joubert, Kleber, Desaix et Moreau, descendit prématurément dans une tombe, emportant une renommée pure, une gloire justement méritée.

Napoléon, génie immense, et incomparable capitaine, plus heureux que le premier, a eu le temps de remplir le monde entier de sa gloire.

Mais reprenons notre récit.

Attaché à l'armée du Nord en qualité d'aide de camp de Pichegru, Abbattucci se signala dès les premiers combats dans lesquels nos troupes reprirent l'offensive.

Chassés de Catillon et du Bois-l'Évêque, les Autrichiens se replièrent jusqu'à Cateau-Cambrésis; mais vers le soir, un bataillon de l'avant-garde française fut surpris dans l'obscurité, assailli par des forces supérieures, et refoulé sur le principal corps d'armée. Il s'ensuivit un mouvement rétrograde qui aurait dégénéré en une véritable déroute, si le capitaine Abbatucci, par son exemple, par son courage et par ses exhortations, n'avait rallié une partie des fuyards.

D'après les notes sommaires que Charles Abbattucci a laissées sur la campagne de l'an II (1794), il quitta le Cateau, dont le mauvais temps empêchait de commencer l'attaque, et suivit le quartier général à Lille. Au mois de floréal, il était au siège de Menin. Le 10, les Autrichiens essayèrent de débloquer la place; mais ils furent complétement battus près de Moeseroen, et perdirent plus de trente bouches à feu. La garnison de Menin essaya de se frayer un passage à travers les lignes françaises; elle parvint à gagner Bruges; mais quatre cents hommes qu'elle avait laissés derrière elle se rendirent prisonniers de guerre.

Charles Abbatucci prit part aux combats qui rétablirent les communications de Courtrai et de Douai avec Lille. Il contribua à repousser la tentative que les Autrichiens firent sur Courtrai; le 21 floréal, après une action sanglante, qui se prolongea depuis midi jusqu'à deux heures après minuit, l'ennemi fut rejeté sur Iseghem et Inghelmuster.

Ypres fut investi le 15 prairial, et pour en couvrir le siége, plusieurs corps détachés campèrent à Morseele, Paskendat et Rosbecke. « S'apercevant, raconte Charles Abbattucci, que l'ennemi préparait une attaque de ce côté, le général Pichegru le prévint, marcha à sa rencontre, le chassa de Rousselaer et d'Hooglede, où s'établit une division d'observation. L'ennemi essaya de prendre sa revanche. D'abord sa gauche remporta quelque avantage; mais les troupes d'Hooglede firent une résistance si opiniâtre, qu'il fut obligé d'abandonner tout le terrain qu'il avait gagné. »

On remarquera que dans ce passage, le jeune capitaine ne se met point en scène. Il se tient modestement à l'écart, et ne se préoccupe que des opérations de l'armée, sans nous révéler la part qu'il y a prise. Son mérite toutefois était reconnu, et après la victoire d'Hooglede, le 22 prairial an II, les représentants du peuple envoyés à l'armée du Nord prirent l'arrêté suivant :

« Attendu les services rendus par le citoyen Abbatucci, et « les preuves multipliées qu'il a données de courage, d'intel- « ligence et de patriotisme ;

« Arrêtent que le citoyen Abbatucci, aide de camp du général en chef de l'armée du Nord, est nommé adjudant général chef de brigade, et qu'il touchera, à partir de ce jour, les appointements attachés à ce grade. »

Signé : Richard Choudieu.

IV

Nous avons vu Charles Abbatucci monter rapidement dans l'armée, par son intelligence et sa bravoure, aux grades élevés. Mais jusqu'ici, il n'a joué qu'un rôle purement secondaire. Ses hautes facultés n'ont pu se manifester qu'à demi, sur un terrain étroit. Il a bien pu faire prévoir ce qu'il serait un jour; mais il lui fallait un commandement supérieur pour que tout son génie se trouvât à l'aise et prît librement son essor. Il n'a été que bon soldat; nous le verrons grand capitaine.

Ici une halte nous paraît nécessaire. N'est-il pas temps de faire connaître le caractère de l'homme à qui on confiera sur un point l'intérêt et l'honneur de la France ? Certainement de ses actions ressortiront ses facultés morales. Mais il est souvent difficile à un lecteur de former un portrait avec des traits épars. Nous avons cru qu'il était de notre devoir de rassembler ces traits moraux, d'en former un faisceau, une figure.

Charles Abbatucci avait un courage antique; il était calme et froid au milieu d'une bataille, comme le sage d'Horace au milieu des ruines du monde. Il avait une indomptable énergie qui lui faisait oublier les douleurs et les privations de la guerre. Il marchait au milieu de la grêle des balles sans sourciller, la tête haute; on aurait dit un de ces voyageurs qui découvrent leur front brûlant à l'orage pour recevoir une pluie bienfaisante.

Toujours à l'avant-garde quand on avançait, toujours à l'arrière-garde quand on battait en retraite.

Tel nous l'avons vu avec le grade d'adjudant général, chef de brigade en Flandre, à la reprise d'Ypres, au siège de Charleroi, de Vamoo, de Maëstricht, de Nimègue et du fort de Grave.

Sa parole au milieu de l'action était claire, ferme et sonore. Quand une volée de mitraille décimait un de ses corps de troupes, la voix de notre héros en criant ces mots terribles : *Serrez vos rangs !* ne s'imprégnait d'aucune crainte, ni d'aucune tristesse. Il voyait emporter des lignes entières avec l'indifférence du joueur qui voit tomber les pions de son échiquier. Et pourtant aucun chef n'a mieux consulté l'intérêt du soldat; nul plus que lui ne cherchait à ménager le sang de ses concitoyens. Il pleurait sans larmes et sans frémissement les braves qui succombaient pour la République.

Ce sont là des vertus militaires dont est doté tout bon soldat. Mais de plus hautes et de plus brillantes qualités rehaussaient le beau courage de Charles Abbatucci. Il avait tous les talents stratégiques qui font les grands généraux. De longues études lui avaient appris à fond l'art de la guerre, cet art que son génie devinait souvent. Il prévoyait les mouvements des ennemis, connaissait les moyens d'action; il avait sondé les systèmes des généraux étrangers; de sorte que connaissant les lieux et les circonstances, il pouvait tracer par inductions les plans de bataille des ennemis. Sur un champ d'opérations il consultait minutieusement les ressources du pays, les tendances des populations, les voies de communication, les terrains ouverts à la manœuvre de l'infanterie, de la cavalerie ou de l'artillerie ; il cherchait les positions.

Toutes ces diverses connaissances qui forment en réalité la science élémentaire des chefs d'armées, Charles Abbattucci les possédait à fond, et n'en oubliait aucune au moment de la formation d'un plan. Pas une de ces considérations n'était négligée par lui; il savait que c'est pour n'avoir pas tenu compte de certains détails stratégiques, que des capitaines du premier mérite avaient souvent encouru les chances d'une défaite et s'étaient même quelquefois fait battre.

Son esprit était plein de netteté et de précision. Les lettres qu'on a conservées de lui aux archives du ministère de la guerre, sont sobres de mots, pleines de faits; elles sont précises comme un commandement ; leur style a quelque chose de tranchant et d'acéré ; on les croirait écrites à la hâte, au milieu d'une action, avec la pointe d'une épée.

Il avait cette rapidité de coup d'œil qui caractérise le vrai tacticien. Ces hautes qualités eurent souvent lieu de se faire connaître, et la République sut les apprécier. En effet un arrêté du comité de salut public, section de la guerre, rendu le 13 messidor de l'an II, vint pour ainsi dire leur rendre hommage en les mettant à contribution, et en leur réservant une occasion toute particulière de se manifester. Cet arrêté était ainsi conçu :

I. « Le général en chef de chaque armée nommera, dans « chaque division ou corps détaché, des officiers chargés spé- « cialement : 1o d'exprimer, sous forme de tableaux, les « forces actives des corps de troupes auxquels ils seront atta- « chés respectivement, ainsi que les mouvements et les opé- « rations de ces corps, pendant chaque décade ; 2o de former « des tableaux semblables des forces, mouvements, opérations, « correspondances de l'ennemi, d'après les divers rapports qui « auront été faits au général ; 3o de dessiner en croquis sur « des cartes ou plans d'une échelle convenable, les marches, « positions et actions qui auront eu lieu pendant la décade, « avec une légende explicative.

« II. « Pour rendre ce travail uniforme les généraux feront
« remplir ces tableaux de la manière indiquée par l'instruction
« et les modèles joints au présent arrêté.

« III. « Les tableaux, rapports ou dessins seront envoyés ré-
« gulièrement au comité de salut public par chaque général
« de division, à commencer du 30 messidor prochain.

« IV. « Le chef de l'état-major général est chargé particu-
« lièrement de faire passer au comité de salut public, tous les
« décadis, la relation raisonnée et circonstanciée de toutes les
« actions qui auront lieu pendant la décade; cette relation
« sera signée du général commandant l'action et accompa-
« gnée d'un dessin croquis, figurant tous les mouvements et
« positions des troupes.

« V. Indépendamment de ces renseignements, les généraux
« et les chefs d'état-major fourniront au comité de salut pu-
« blic tous ceux qu'ils peuvent avoir, concernant les événe-
« ments antérieurs de la guerre actuelle, depuis son prin-
« cipe, notamment la correspondance des généraux; ils fe-
« ront à cet égard toutes les recherches nécessaires, et indi-
« queront celles qui pourraient être utiles pour rassembler les
« notions propres à éclairer sur les opérations militaires de la
« campagne actuelle et des précédentes. »

« Chargé, dit M. Albert Maurin, à qui nous empruntons
quelques notes dans une biographie pleine d'une chaleureuse
admiration pour le général Charles Abbatucci, chargé con-
curremment avec l'adjudant général Montrichard, qu'il devait
retrouver plus tard à l'armée de Rhin-et-Moselle dans une action à jamais mémorable, de rédiger « le bulletin de l'armée
« du Nord, un compte sommaire de ses marches, positions et
« opérations, adressé au comité de salut public, » Charles
Abbatucci fit passer dans ces travaux la netteté de son esprit, la précision de ses connaissances spéciales, et cette rapidité de coup d'œil sans laquelle il n'y a pas de tacticien. Après
les rudes fatigues de marches et contre-marches, les longues
journées d'escarmouches, les labeurs des siéges; après ces
combats sans cesse renouvelés par l'armée du duc d'York et
de Clairfayt, vingt fois battue, revenant vingt fois à la
charge, et s'efforçant de fermer aux soldats de Pichegru les
frontières de la Hollande menacées; après avoir brillamment
payé de sa personne comme un simple sous-lieutenant, Charles Abbatucci, rentré sous la tente, passait les nuits, calme et
solitaire, à retracer les événements dont il venait d'être un
des principaux acteurs. Il déposait son épée pour prendre la
plume de l'historien; car il ne se contentait pas de rédiger les
notes succinctes destinées aux bulletins; il rassemblait de précieux documents pour raconter un jour à ses concitoyens les
luttes de la patrie, et leur montrer au prix de quels efforts et
de quel sang généreux, les volontaires de la gloire avaient
sauvé la France. »

Ces rapports étaient écrits avec une merveilleuse lucidité.
Le mot y est juste; la phrase est concise; elle a, dans sa
simplicité, le mouvement et les rapides évolutions des colonnes dont elle raconte les marches. L'idée y éclate, bondit
comme un coup de canon, et se tait tout à coup pour laisser
la place à une série de faits qui courent les uns sur les autres
comme les fréquentes détonations d'une fusillade. L'ordre
de choses s'y change brusquement, avec l'inattendu d'un
changement de bataille subitement inspiré. Quelquefois c'est
un simple mot que le général avait à peine le temps d'écrire
d'une main, tout en tirant son épée de l'autre pour voler au
combat.

Ces mêmes qualités de style, nous les retrouvons dans des
notes historiques particulières que le général Charles Abbatucci a recueillies sur tous les champs de bataille. Nous avons
lu avec un vif intérêt ces relations, où nous avons remarqué
un esprit critique hautement doué. Le jeune historien marque avec une sincérité implacable les fautes des généraux; ses
jugements, étayés de raisonnements courts et clairs, ont été
confirmés par nos plus habiles tacticiens. Il avait, avant de
poser ses critiques, étudié les mouvements militaires sur des
cartes pointées par lui-même, et chaque relation de bataille
est accompagnée du dessin qui la retrace fidèlement. Ces notes et plans formeraient un précieux sujet d'études pour les
jeunes officiers qu'une noble ambition fait aspirer aux grades
supérieurs.

On a vu jusqu'ici Charles Abbatucci sur le champ de bataille comme soldat, comme historien. Nous croyons à propos maintenant de dépouiller l'uniforme, de l'homme des
camps, pour montrer l'homme des relations sociales, l'ami, le
citoyen, le fils. Charles Abbatucci, doué de belles qualités,
croyait à la vertu. À cet âge où l'expérience n'a pas encore
amené le soupçon. On le disait bon; il croyait être équitable;
il était bienveillant; il était juste. Il avait une générosité
chevaleresque qui n'était à ses yeux qu'une précocité de bons
procédés. Il avait le courage civique aussi bien que le courage militaire. Il eut plusieurs occasions d'exposer sa tête en
voulant résister à un ordre qui lui paraissait inique; il ne
connaissait pas cette honteuse prudence qui offre le salut par
la porte des lâchetés. La Convention nationale s'irritait des
longues guerres que subissait la République. Elle voulut porter dans les batailles le système sanguinaire qui régissait la
France intérieurement, et réduire les ennemis du dehors par
la terreur. Elle crut noyer la guerre dans des flots de sang,
et par un décret ordonna aux armées de ne plus faire de prisonniers; on devait, par son ordre, passer au fil de l'épée les
défenseurs de toute place qui ne se rendait pas en vingt-quatre
heures, après les sommations. L'armée du Nord frémit de ce
barbare décret, et pourtant les chefs n'osaient y résister.
Lui seul, Charles Abbatucci, dans une généreuse indignation
brava le couteau des proconsuls et déchira l'arrêt devant tous
les officiers. Le 9 thermidor le préserva du sanglant ressen-
timent de la Convention.

Un dernier trait nous fera connaître dans toute sa pureté
loyale et sereine ce beau caractère de Charles Abbatucci qui aurait dû être réservé à la plume de Tacite.

Notre héros se reposait à Paris des fatigues de la conquête
de Hollande. Carnot, ministre de la guerre, connaissait par les
rapports de Pichegru les brillantes qualités guerrières et les
mâles vertus du jeune officier supérieur dont nous écrivons la
vie. Il le recevait avec bienveillance dans son intimité, louait
ses exploits et lui offrit un jour le grade de général de division.
Charles Abbatucci montra à cette proposition une délicatesse
de sentiment peu commune, et refusa le commandement qu'on
lui proposait. Carnot, surpris de ce refus, lui en demanda la
cause : — « Mon père, répondit-il, a cinquante ans de glorieuses batailles; il n'est que général de brigade; je me trou-
verais, moi, au commencement de ma carrière, avec un grade
supérieur à celui de mon père; peut-être serais-je exposé à devenir son chef; non, moi fils, je ne peux commander à mon
père, à mon père qui a vingt fois mérité le grade que vous
m'offrez, si vous croyez que je l'ai mérité une fois; quant à
moi, j'ai beaucoup de sang dans les veines à verser pour la
patrie! »

Noble désintéressement! acte plein d'une grandeur d'âme
qui nous a vivement ému!

V

On connaît les premiers faits d'armes de Charles Abbatucci
pendant la glorieuse campagne de Hollande. Nous avons
étudié ce qu'il y a de noble et d'élevé dans cette physionomie
qui se détache avec tant d'éclat, même au milieu de celles
des nombreux généraux de cette époque exceptionnelle. Nous
allons maintenant suivre Charles Abbatucci sur de nouveaux
champs de bataille où il doit s'immortaliser.

Moreau avait servi sous Pichegru, qu'il remplaça à l'armée du
Nord, tandis que celui-ci passait à l'armée de Rhin-et-Moselle, où
Charles Abbatucci le suivit. La France, accoutumée à de rapides et brillantes conquêtes, attendait de grandes choses du
général expérimenté qui avait promené le drapeau français sur
tout le territoire de la Hollande. On présumait qu'il allait jus-
tifier la confiance qu'on avait en lui, et consolider la haute
réputation qu'il avait acquise. Ces prévisions ne se réalisèrent
pas. L'armée resta inactive, par des causes qui ont été révélées
plus tard, et que nous ne pouvons rappeler sans un sentiment
de profonde tristesse. L'homme dont les glaces d'un hiver ri-
goureux n'avaient pas arrêté la marche triomphale, le héros
de Cassel et de Courtray compromettait sciemment le salut de
ses compagnons d'armes qu'il était sur le point de livrer à
l'ennemi. Des négociations s'étaient ouvertes entre lui et les
émigrés de l'armée de Condé. La promesse d'un million comp-
tant, de deux cent mille livres de rente, des domaines de
Chambord et d'Arbois, du gouvernement de l'Alsace, du bâ-
ton de maréchal, avait séduit l'austère mathématicien, l'an

cien professeur de l'école de Brienne. Il était d'accord avec les princes pour rétablir en France l'autorité de la maison de Bourbon ; seulement quelques difficultés de détail retardaient, grâce au ciel, l'exécution de ces plans, qui auraient indubitablement entraîné de terribles discordes. Les détails de ces intrigues, de ces machinations honteuses, révolteraient tout cœur patriotique, et nous ne voulons pas les mêler au récit d'une vie aussi pure et aussi intègre que celle de Charles Abbatucci. Il y était, lui, si complétement étranger que, dans la relation qu'il nous a laissée de la campagne de 1796, il évite de faire la moindre allusion à la trahison de Pichegru. Tant de déloyauté lui paraissait impossible ; il ne pouvait croire que le général en chef flétrît ainsi une carrière aussi brillamment commencée. Son âme droite se révoltait à la seule pensée d'une perfidie. Uniquement préoccupé de l'accomplissement de ses devoirs, il saisissait avec empressement les rares occasions de se distinguer, et Pichegru les lui offrait comme s'il eût voulu se délivrer d'un témoin dont la présence seule était un reproche pour lui. Charles Abbatucci, après avoir été son aide de camp sur les bords du Zuiderzée, aurait refusé avec énergie d'assister à des conférences où l'on marchandait l'honneur de la patrie. Il prenait part aux opérations militaires qui se poursuivaient plutôt pour la forme que dans le but réel d'opposer une barrière à l'ennemi.

Nous extrayons de ses papiers cet ordre du jour du général en chef :

« Au quartier général, à Manheim, le 19 vendémiaire an IV
« de la République française, le général en chef charge l'ad-
« judant général Abbatucci de se rendre sur le champ de
« Worms pour examiner s'il n'est pas temps encore d'empê-
« cher l'ennemi de s'établir dans l'île du Halbouroug ou, au
« moins, d'y reconstruire ses batteries par le feu des nôtres,
« qu'il fera armer à cet effet, si elles ne le sont pas, en dé-
« signant lui-même les calibres et le nombre des bouches à
« feu à mettre dans chacune. »

PICHEGRU.

Bien qu'habilement dissimulés, les complots de Pichegru, dont on n'avait pas toutefois de preuves positives, étaient pour ainsi dire devinés par l'armée. Il feignait toujours de ne pas écouter les avis d'Abbatucci et de ne pas comprendre ses conseils toutes les fois que ce jeune aide de camp lui développait un plan d'attaque. L'armée s'étonnait de voir les mouvements suspendus, les avant-postes dégarnis, et d'être condamnée à l'immobilité, alors que le moindre effort aurait pu lui assurer la victoire. Les sourds murmures par lesquels s'exhalait le mécontentement général parvinrent aux oreilles de Pichegru. Il comprit d'ailleurs qu'il avait trop facilement compté sur la complicité de ces légions dans les rangs desquelles on trouvait des hommes de la trempe d'Abbatucci. Il donna sa démission au moment où il était menacé à la fois du côté du Directoire qui lui demandait compte de ses lenteurs, du côté du prince de Condé, qui le sommait de tenir des engagements irréalisables.

VI

Moreau remplaça Pichegru, en qualité de général en chef de l'armée de Rhin-et-Moselle.

Il avait une tâche difficile à accomplir ; il fallait toute son habileté, et tout le dévoûment patriotique des troupes, pour réparer le temps perdu et reprendre l'offensive.

Les hommes de cœur et d'intelligence comme Charles Abbatucci devaient être en évidence, et, en effet, c'est à dater de cette époque qu'il put manifester dans toute leur étendue les hautes qualités qui le distinguaient.

Quatre-vingt mille autrichiens, sous les ordres de Wurmser, occupaient la rive droite du Rhin ; ils avaient même jeté quelques bataillons sur la rive gauche, entre Kayserslautern et Otterberg. En aval du fleuve, depuis la Nahe jusqu'à Dusseldorf, étaient échelonnés quatre-vingt-douze mille hommes, commandés par l'archiduc Charles.

A cette dernière armée était opposée celle de Sambre-et-Meuse, qui, sous la direction de Jourdan, commença ses opérations le 21 mai 1796.

L'armée de Rhin-et-Moselle à laquelle appartenait Charles Abbatucci, n'entra en campagne que le 14 juin. Elle se composait de soixante-onze mille hommes d'infanterie et de six mille hommes de cavalerie. Le centre, commandé par Desaix, se tenait au pied des Vosges ; l'aile droite longeait le Rhin depuis Strasbourg jusqu'à Huningue ; l'aile gauche se déployait depuis Albertsweiller jusqu'à Hombourg.

Passer le Rhin, en face de l'armée de Wurmser, était une opération difficile, mais il importait de l'entreprendre. Le corps de Jourdan, après quelques avantages, avait été forcé de se replier, et il eût été infailliblement écrasé par les forces supérieures de Wurmser, si une diversion puissante n'avait empêché celui-ci de se joindre aux troupes que commandait l'archiduc Charles.

Moreau forma donc le projet de passer le Rhin. Les positions des troupes autrichiennes étaient redoutables ; les obstacles à franchir étaient nombreux. Il fallait cependant exécuter le plan de campagne adopté par le Directoire. L'hésitation n'était plus permise, et le général en chef dut se préparer à accomplir de grandes choses.

Un projet d'attaque était indispensable ; il était prudent surtout de le préparer avec précaution, car donner l'éveil à l'ennemi c'eût été une faute. Aussi, pour faire croire qu'il avait l'intention de porter la guerre dans le Palatinat, Moreau transporta son quartier général à Landau. Il commença par faire reconnaître les bords du Rhin, aux environs de Strasbourg. L'étude du projet en question présentait de grandes difficultés ; c'est pourquoi Moreau confia cette importante mission aux officiers les plus habiles. Les adjudants-généraux Abbatucci, Decaen, Ballavesnes, le colonel d'artillerie Dedon, et le colonel de génie Boisgérard, furent choisis à cet effet. Ils se mirent aussitôt à l'œuvre, et se livrèrent à des travaux préliminaires remarquables. Le général en chef n'eut qu'à s'en féliciter.

Pendant ce temps celui-ci, dans le but de masquer adroitement son projet de passer le Rhin à Kehl, fit une tentative sur les positions qu'occupaient les troupes du feld-maréchal Wurmser. Dès que toutes les dispositions furent prises, il ordonna à la division Delmas, du corps de Desaix, de se mettre en marche sur trois colonnes.

La première marcha sur Neuhoffen qu'elle emporta d'assaut.

La deuxième rencontra dans sa marche au bois de Schifferstadt un corps de Croates sous le commandement du comte de Giulay. Un combat s'engagea, et Giulay dut se retirer au-delà de la ferme de Kolhoff.

La troisième colonne, commandée par Desaix lui-même, culbuta la cavalerie ennemie dans la plaine de Mutterstadt.

Le général Beaupuy, commandant la 2ᵉ division du centre, s'avança par la grande route de Neustadt à Manheim. Cette route en avant du village de Daustadt, était défendue par de nombreuses batteries et des inondations profondes. Ces obstacles furent surmontés, et toute la division se trouva réunie à celle de Delmas dans la plaine de Mutterstadt.

Les reconnaissances faites sur le Rhin par les officiers que nous connaissons furent nombreuses, pénibles, et souvent dangereuses. Abbatucci, le plus jeune de tous, justifia par sa tactique intelligente, et par son profond savoir, le choix du général en chef. Il sut remplir honorablement sa mission ; il montra qu'il possédait de hautes qualités stratégiques. Rien n'échappa à son œil observateur. Ses aperçus avaient une portée réelle ; il les exposait avec une lucidité et une netteté tellement remarquables que ses frères d'armes en étaient étonnés. Son esprit découvrait de suite les difficultés, et la science lui disait alors ce qu'il y avait à faire pour les vaincre.

Plusieurs plans furent proposés ; tous furent étudiés, approfondis avec une scrupuleuse attention. Abbatucci apporta dans la discussion un raisonnement plein de justesse ; ses observations jetèrent une vive lumière sur les problèmes les plus difficiles. On l'écouta avec plaisir, parce qu'il savait convaincre. C'est ainsi qu'il sut gagner tous les esprits ; tous se rangèrent à son opinion.

Il fut arrêté que le principal passage s'effectuerait un peu au-dessus de Kehl. Les avantages qu'offrait ce point étaient importants ; aussi n'avaient-ils pas échappé aux officiers chargés de les étudier. En effet, en faisant un pareil choix, il était permis aux généraux de rassembler secrètement dans la ville de Strasbourg tous les bateaux et agrès nécessaires, et de les conduire par eau le long du canal de navigation, jusque dans le bras Mabile et de là dans le grand canal du Rhin.

Le jeune officier, Charles Abbatucci, s'approche avec assurance de la batterie, pointe une des pièces, y met le feu,
et coule une barque autrichienne.

A côté des avantages il y avait des inconvénients. On s'aperçut sans peine qu'il était difficile de conduire les troupes sur la terre ferme, par cette bonne raison qu'elles ne pouvaient aborder qu'à des îles marécageuses et très fourrées, et qu'après le premier abord, il leur restait encore à traverser plusieurs petits bras non guéables. Il s'agissait en outre de déboucher dans une plaine coupée de digues et de fossés que l'ennemi était prêt à faire servir à sa défense.

Ces obstacles donnaient lieu à réfléchir, et plusieurs officiers étaient d'avis d'abandonner un tel plan. Abbatucci tint bon; son avis prévalut, et pour le faire prévaloir il alla au-devant des objections; il sut les combattre en indiquant habilement les moyens de triompher. Prévoyant que les Autrichiens se seraient réunis pour se porter en masse contre l'attaque principale, il fit admettre le plan suivant :

Il démontra l'utilité d'attaquer l'ennemi sur divers points à la fois pour l'inquiéter, pour le mettre dans l'incertitude du point où il devait diriger ses forces. On s'occupa alors de chercher quatre endroits au-dessus et au-dessous de Kehl pour y faire des débarquements. Cependant il fallut explorer à l'avance l'état des lieux de débarquement, pour s'assurer si on pouvait en toute sûreté y arriver par eau; il s'agissait de savoir ensuite si on pouvait effectuer l'embarquement à l'abri de quelques îles, sans être aperçus par les Autrichiens.

Les endroits propres à ces attaques étaient rares. On parvint pourtant à les déterminer.

Il fut convenu qu'on ferait une fausse attaque vis-à-vis de Messenheim. Il était facile de conduire les bateaux provenant de la rivière d'Ill, et les nacelles nécessaires d'Ersteim par la rivière de Graffts, qui communique de l'Ill au Rhin par un bras de ce fleuve qui sépare l'île de Schaffléy et celle du Point-du-Jour. L'embarquement des troupes devait se faire dans ce bras même.

Les officiers soudèrent la Graffts; ils reconnurent qu'elle n'était pas navigable; mais ils s'assurèrent qu'elle le serait lors de l'expédition qui ne devait avoir lieu qu'à l'époque des grandes eaux.

Plusieurs embarcations étaient nécessaires pour effectuer le passage projeté. Celles destinées à l'attaque principale de Kehl pouvaient être amenées de l'intérieur de la ville de Strasbourg par le canal de navigation et le bras Mabile, jusqu'à l'endroit où les troupes devaient s'embarquer. Ces mêmes embarcations avaient en outre la facilité de doubler la pointe de l'île des Épis, de traverser de là le grand Rhin, et de se jeter sur les îles de la rive droite à peine séparées du continent par des bras étroits.

Un autre endroit en avant de Gambsheim se prêtait à l'attaque inférieure. On le choisit, parce que les bateaux pouvaient y être conduits à couvert par l'embouchure de la rivière d'Ill dans le Rhin. On espérait ensuite pouvoir aborder sur la rive droite un peu au-dessous du village de Diersheim.

Cette attaque, bien que sérieuse, n'était que secondaire. Elle avait pour but principal de passer dix mille hommes, afin de s'emparer de la route de Rastadt et d'intercepter les secours qui auraient pu venir du Bas-Rhin aux Autrichiens.

Pour faire une diversion, pour attirer l'attention de l'ennemi, deux attaques furent combinées : l'une, entre Messenheim et Kehl, devait se faire à la pointe du bois de Neuhoffen, non loin de la batterie de Béclair, en face de Goldschir; l'autre entre Kehl et Gambsheim, à la route d'Isaac, au-dessous de la Ruprehlson.

On convint enfin de faire des démonstrations le jour de l'expédition, et de faire tonner le canon sur toute la ligne du Rhin depuis Huningue jusqu'à Herdt.

Tel est le projet qu'élaborèrent les officiers.

Nous l'avons dit, les avis d'Abbatucci furent bien accueillis ; c'est donc son plan, approuvé par ses camarades, qu'on va exécuter. Il fut présenté à Moreau dans les premiers jours de juin ; celui-ci en fixa l'exécution à la nuit du 23 ou 24 juin.

On s'empressa dès lors de compléter les préparatifs de l'entreprise, et le 23 à midi les portes de Strasbourg furent fermées. Le soir, les troupes de l'expédition furent rassemblées sur deux points dans le plus grand ordre.

Il y avait, au polygone et sur les glacis de la citadelle, seize mille soldats aux ordres de Ferino. Douze mille hommes sous le commandement de Beaupuy furent massés près de Gambsheim.

Toute cette armée était commandée par le général Desaix.

Pour l'attaque de Kehl on partagea les troupes en quatre colonnes. Chaque colonne devait aborder à un endroit désigné.

La première, sous la conduite d'Abbatucci, devait débarquer sur les îles boisées, formées par le vieux Rhin de Kehl, immédiatement au-dessous de l'embouchure du bras nommé Ehrlenrhin. Elle se composait de sept bateaux d'Ill et de six grands bateaux, ayant en tête quatre nacelles. Elle comptait mille six cents hommes et deux pièces de canon.

La deuxième, aux ordres de Montrichard, était chargée d'aborder l'île d'Ehrlenrhin ; elle devait en outre se diviser en deux colonnes aussitôt après le débarquement, en ayant soin de faire deux mouvements différents. Cette colonne était forte de mille cinq cents soldats et de deux pièces de quatre. Elle était formée de six bateaux d'Ill, de six grands bateaux et de deux nacelles.

La troisième colonne comptait à peine deux cent cinquante hommes, quatre nacelles et deux bateaux d'Ill. Decaen en avait le commandement.

Il y avait à l'embouchure du bras d'Ehrlenrhin une batterie de canons placée de telle sorte qu'elle pouvait aisément foudroyer les troupes de la deuxième colonne. Decaen fut chargé d'aborder cette batterie pour s'en emparer.

La quatrième colonne enfin était insignifiante ; elle se composait de cinquante soldats environ et de deux nacelles. D'ailleurs, la mission qu'elle avait à remplir était peu importante ; elle était simplement chargée de chasser des îles, qu'on a appelées depuis des *Escargots* et de l'*Estacade*, les postes ennemis qui auraient pu inquiéter l'expédition.

A neuf heures du soir toutes les embarcations filèrent hors de la ville, par le canal de navigation, dans l'ordre que nous venons d'indiquer, se dirigeant vers l'écluse dite du *Péage*.

A minuit, les troupes françaises sont prêtes au combat ; déjà elles s'ébranlent ; elles sont impatientes d'en venir aux mains avec l'ennemi. Elles entrent dans les nacelles au milieu d'un calme profond, avec toutes les précautions que commande la gravité de la situation. Le temps est serein ; la lune brille de tout son éclat et jette ainsi une clarté défavorable.

L'embarquement est fait, et à une heure et demie le signal du départ est donné. Les bateaux s'avancent ; l'ardeur des soldats de la République s'enflamme de plus en plus ; un frémissement général envahit toutes ces masses qui voient le péril sans sourciller ; ils s'approchent ; l'ennemi ne bouge pas ; tout à coup Abbatucci s'élance le premier avec sa colonne, sur les postes des Autrichiens. Les autres troupes le suivent de près. La lutte s'engage ; la mort se répand dans les rangs ; mais soudain les bataillons de Souabe cèdent à l'élan impétueux des soldats d'Abbatucci.

Pendant que le génie établit à la hâte un pont volant de la rive gauche à l'île d'Ehrlenrhin, deux mille cinq cents hommes, jetés sur la rive droite, attaquent les redoutes autrichiennes, dites des *Trous-de-Loups*, et du *Cimetière*. Ici le combat est furieux. Les Français abordent ces ouvrages avec une intrépidité incroyable. Vains efforts ! ils sont refoulés ; les Autrichiens, commandés par le courageux colonel Raglowich, se battent en désespérés. Mais revenant à la charge en plus grand nombre, les Français emportent la redoute.

Cette importante journée, qui coûta à l'ennemi six cents hommes tués ou blessés, cinq cents prisonniers, mille fusils et treize pièces de canon, se termina par une charge à fond de cavalerie, dirigée par le prince de Condé sur les grenadiers de la 31e demi-brigade.

Le 25 juin, le reste de l'armée franchit le Rhin sur un pont de quarante-sept bateaux.

VI

Le passage du Rhin forme donc une des plus belles pages de la vie de Moreau. Soixante mille Français franchirent le fleuve en présence de quatre-vingt mille ennemis, sans éprouver, pour ainsi dire, de résistance, tant le général en chef de l'armée de Rhin-et-Moselle avait déployé d'habileté et de prudence. Dès qu'il eut pris pied sur l'autre bord, Moreau n'abandonna pas sa tactique temporisatrice. Ce système irritait souvent les jeunes officiers qu'emportait une ardeur belliqueuse. Bien souvent nos soldats, malgré les ordres du chef de l'armée, s'élançaient à des charges fougueuses que couronnait presque toujours le succès. Charles Abbatucci prit une grande part à ces brillantes escarmouches. Son audace, son sang froid, son courage à toute épreuve, désignaient naturellement cet officier pour les postes difficiles et périlleux.

Nous n'entrerons pas dans tous les détails des mouvements de l'armée. Nous n'avons pas à faire l'histoire des guerres de la République. Décrire toutes les batailles de l'armée de Rhin-et-Moselle, ce serait noyer les traits d'héroïsme de Charles Abbatucci au milieu des beaux faits d'armes des autres officiers qui composaient cette vaillante armée.

Moreau n'avait opéré que quelques mouvements sans importance, et procédait avec sa lenteur habituelle, lorsqu'il se décida à attaquer sur toutes les lignes l'armée dite de Souabe que commandait Stain et que soutenait un corps d'émigrés du prince de Condé. L'armée française marchait sur six colonnes. La division Ferino, divisée en trois colonnes, dont une était commandée par Charles Abbatucci, marchait contre le corps de Condé. Après avoir passé la Schutter et s'être portée sur Honhiorst et Langeshiast, elle s'avança par la rive gauche de la Kintzig pour se porter sur la chaussée d'Offembourg à Fribourg, pour menacer l'ennemi de couper sa retraite sur ce point, et l'inquiéter sur sa gauche en menaçant Offembourg d'une attaque.

C'est la colonne d'Abbatucci qui devait tourner le flanc gauche de l'ennemi par Wihr et Waterwihr. La division Desaix, sur la rive droite, suivait une marche parallèle à celle de la première division. D'autres corps de troupes, habilement disposés, devaient couper ou refouler l'ennemi sur divers points.

L'adjudant général Decaen, sous les ordres de Desaix, avait le commandement d'une colonne ; combinant sa marche avec la colonne de Lecourbe, qui s'avançait par la chaussée de Wilsdt pour attaquer la gauche de cette position, et avec celle de Sainte-Suzanne, qui se dirigeait vers Urtaffen et Zimern dans le but d'arrêter également l'ennemi, Decaen devait gagner le pied des montagnes et la tourner par la droite, pour s'opposer aux troupes qui venaient du Bas-Rhin. Élevé à l'école de Moreau, Decaen n'accéléra pas assez ses mouvements. L'attaque qu'il dirigea à Appembvic contre une des colonnes de l'armée de Wurmser n'eut pas un très grand succès. Néanmoins, Stain, voyant que sa jonction avec le corps de Wurmser devenait impossible, évacua le camp de Bissel, opérant sa retraite par la vallée d'Hamersbah, vers les positions de Zell et de Gengenbah.

Le général en chef de l'armée française n'inquiéta pas cette retraite. Ferino et Charles Abbatucci s'emportaient contre ces hésitations. Ils ne purent rester ainsi paralysés par ces temporisations continuelles et se décidèrent à un mouvement sur les flancs de l'armée de Stain. Le 28 juin, ils se mettent en marche, malgré une pluie torrentielle qui détrempait le terrain et défonçait sous les pas de la cavalerie. Ils arrivent sur l'ennemi non loin d'Offenburg, l'attaquent brusquement, le culbutent, lui prennent des hommes et des canons, et rentrent à la pointe du jour à Offembourg. Là, le général Ferino, qu'avait vaillamment secondé Abbatucci, signa l'ordre du jour suivant :

« Au quartier général d'Offenburg, le 12 messidor an IV « de la République française, une et indivisible. D'après les « ordres du général en chef, l'adjudant général Abbatucci « continuera à commander l'avant-garde de la division n° 3, « sous mes ordres, et remplira les fonctions de général de « brigade. Le général de division commandant l'aile droite : « FERINO. »

Désormais, les deux ailes de l'armée de Rhin-et-Moselle

opérèrent des mouvements divers. Moreau avait résolu d'envahir la Bavière. Les trois divisions, suivant une route différente, devaient se réunir à Ulm. Moreau se fraya un passage à travers l'ennemi qu'il battit d'abord à Renchen. Les gorges étaient inondées de tirailleurs ennemis et de paysans armés. Les coalisés étaient partout en grand nombre et occupaient des positions élevées. Les terrains présentaient de nombreux obstacles et ne permettaient pas, le plus souvent, l'usage de l'artillerie. Malgré ces difficultés de toutes sortes, Moreau s'ouvrit un passage à travers les Montagnes-Noires. Rien n'a pu l'arrêter, ni les masses qui défendaient les gorges de Renchen, ni celles qui, du haut de la montagne de Knubis, la plus élevée des Montagnes-Noires, semblaient défier tous ses efforts. L'affaire de Renchen fut générale et sérieuse. Les troupes françaises y déployèrent cette audace qui caractérise la nation, et ce courage indomptable auquel rien ne résiste.

L'ennemi laissa en notre pouvoir 10 pièces de canons, 1,200 prisonniers, 600 chevaux et un champ de bataille couvert de morts.

Ce succès important, dû en grande partie au courage du général Laroche, en garantissait d'autres. Moreau projeta une attaque contre les positions de Rastadt et Freudenstadt; elle fut couronnée de succès. « Hier matin (16 messidor), » écrivait Moreau, dans son rapport au Directoire exécutif, « les troupes se sont mises en mouvement à la pointe du jour, « celles aux ordres du général Desaix, pour attaquer tout ce « qui se trouvait entre le Rhin et les montagnes, et le général « Saint-Cyr, la position de Freudenstadt. Cette dernière affaire « a été extrêmement vive, etc. . . .

« La bataille de Rastadt a fait un grand effet sur l'ennemi; « nos troupes y ont montré le plus grand courage. On peut « comparer notre marche à celle de l'armée d'Italie; depuis le « passage du Rhin, nous avons livré cinq combats et deux « batailles, que nous avons tous gagnés. »

Après la bataille de Rastadt, l'ennemi se retira à Ettingen. Là, l'action fut également vive. Des deux côtés on avait reçu de puissants renforts, et la victoire des Français reçut un caractère décisif.

Nous suivrons maintenant dans diverses opérations la division à laquelle appartenait le général Charles Abbatucci.

Ferino, à partir du 14 juillet, marqua ses mouvements par une série de combats dans lesquels l'avantage fut toujours dans nos rangs. Chaque pas fut une bataille, et chaque pas fut une victoire. Ses brigades se portèrent sur divers points, et débusquèrent de tout côté l'ennemi. A Ettenheim, à Rhudenheim, à Herboltzheim, dans la vallée de la Kinzitg, les Autrichiens furent refoulés et chassés. Mais la mission la plus difficile et la plus douloureuse fut celle du général Charles Abbatucci. Il avait à aborder des positions redoutables. Ce n'était pas là cependant le côté le plus pénible de l'engagement qui allait avoir lieu. Ce n'étaient plus des Autrichiens, ce n'étaient plus des étrangers qu'il fallait combattre : c'étaient des Français! Ces hommes que le jeune général de la République avait devant lui étaient enfants de la même patrie; le même ciel les avait vus naître; ils avaient le même langage, la même nationalité. Des deux côtés on disait : La France! Il allait faire feu sur ses compatriotes, son cœur dut se serrer de douleur. Mais bientôt il lève la tête et se rassure : ces hommes ont renié leur patrie; ils ont appelé contre la France les armées étrangères; ils ne combattent pas pour une nation, pour un peuple, pour leur pays; ils combattent pour un homme, pour un roi qui résume leur intérêt. Non, ces hommes ne disaient pas : La France! ils disaient : Le roi! Ils n'étaient pas Français. En avant donc sur les émigrés du prince de Condé! Ce n'était pas une lutte de partis, une guerre de couleurs; c'était une guerre nationale. D'un côté se trouvaient des soldats, des citoyens armés pour une sainte cause; de l'autre les gens d'une royauté, les soldats d'une dynastie. Les premiers pouvaient conserver l'honneur même dans la défaite; les seconds ne pouvaient pas le récupérer même dans une victoire.

La brigade du général Abbatucci marcha vers Munchweiler et Walburg; elle traversa les gorges dominées par les hauteurs d'Eltenmunster où se tenaient les émigrés du prince de Condé. On se battit avec un acharnement terrible. Les troupes de la République semblaient frapper avec cette ardeur implacable qui inspire le juste qui châtie le crime. Abbatucci

était beau au milieu de cette sanglante mêlée. Les émigrés luttaient avec le courage désespéré des transfuges qui n'espèrent pas de quartier. La patrie triompha, Charles Abbatucci resta maître des gorges d'Eltenmunster, et poursuivit l'ennemi en déroute jusqu'à la nuit.

Cette brillante affaire grandit la réputation du jeune général qui l'avait dirigée. Le général en chef, dans ses ordres du jour, dans ses rapports au Directoire, signala Charles Abbatucci comme un des plus braves, un des plus habiles officiers de l'armée de Rhin-et-Moselle. Aussi, le 10 juillet 1796, le grade de général de brigade lui fut-il confirmé.

Les trois divisions s'avançaient toujours vers Ulm, leur point de ralliement. Partout l'ennemi était battu. Le duc de Wurtemberg et le margrave de Baden se voyaient enveloppés de toutes parts. Ils s'empressèrent d'entrer en pourparlers avec Moreau. Une convention fut conclue et ratifiée par le Directoire le 17 fructidor an IV.

Cette paix ne fut qu'une courte trêve. Les opérations militaires furent recommencées peu de temps après.

L'armée française avait dépassé Ulm, et Moreau poursuivait activement l'archiduc Charles. Il l'atteignit à Neresheim et lui livra la bataille. On se battit pendant deux jours (le 10 et le 11 août) sans que le succès se décidât pour l'un ou l'autre drapeau. Cependant, les Autrichiens n'acceptèrent pas un nouveau combat, et rétrogradèrent le lendemain. « L'ennemi, disait Moreau, avait son avant-garde très bien placée; s'il eût gardé la position qu'il avait la veille, je l'aurais attaqué aujourd'hui; mais il s'est retiré derrière la Vernitz, et va passer le Danube; nos troupes légères sont à sa poursuite; ils sont déjà à Nordlingen; l'armée va suivre. »

Dès ce moment, l'archiduc conçut et exécuta un plan plein de hardiesse. Il laissa une faible partie de son armée à son lieutenant, le général Latour, pour amuser Moreau et l'attirer dans le cœur d'un pays ennemi, tandis que lui-même, avec ses principales troupes, il alla tenter une diversion sur l'armée de Sambre-et-Meuse. Son projet était de battre Jourdan, de revenir ensuite sur Moreau, et de lui couper ses communications avec le Rhin pendant qu'il s'engagerait dans la Bavière.

Le général en chef des républicains, au lieu de se porter sur l'archiduc pour dégager Jourdan, tomba dans le piège, et poursuivit les troupes du général Latour. Dans cette marche, l'aile droite, commandée par le général Ferino, protégeait les derrières de l'armée française, que cherchait à inquiéter Frœlig. L'avant-garde de la division Ferino était sous les ordres du général Abbatucci. Celui-ci atteignit, le 12 août, en deçà de Westerheim, l'arrière-garde du prince de Condé, et, à la suite d'un engagement, força les émigrés à se replier au-delà du bourg de Kamlach. L'ennemi réunit toutes ses forces sur ce point, et résolut de livrer la bataille. Ils prirent position sur les hauteurs de Mindelheim, tandis que les troupes républicaines s'établissaient sur celles d'Erckheim. La droite de ces derniers était à Southeim, la gauche derrière la Gunz. L'avant-garde, aux ordres d'Abbatucci, occupait Kamlach.

Les troupes républicaines étaient fatiguées des longues marches et du combat de Westerheim; aussi se livrèrent-elles au sommeil, la nuit venue, prêtes à reprendre le fusil au premier rayon du jour. L'obscurité et le silence s'étaient étendus sur Kamlach. Tout à coup, vers deux heures du matin, les émigrés se présentent aux avant-postes pour surprendre les Français. Ils descendent des hauteurs de Mindelheim et s'avancent sur deux colonnes, dites d'*infanterie noble*, commandées par le prince de Condé et le duc d'Enghien. Ces deux colonnes sont suivies par un corps considérable de cavalerie, sous la conduite du comte d'Ecquevilly.

La colonne du duc d'Enghien s'élance sur le campement de la troisième demi-brigade; les sentinelles sont égorgées; le désordre se met dans les rangs des républicains. Mais, revenus de la première surprise, ceux-ci se rallient à la voix de leurs chefs, engagent une vive fusillade, et se replient en bon ordre sur le bois de Kamlach, qu'occupait le 89e de ligne. L'engagement s'étend alors et se régularise. Les troupes françaises, réveillées en sursaut, s'étaient jetées sur leurs armes et accouraient de toutes parts. Le général Abbatucci arrivait à la tête du 4e dragons; le capitaine Foy débouchait du petit bois, avec une compagnie d'artillerie légère, et foudroyait les ennemis presque à bout-portant. D'un autre côté, les deux colonnes des émigrés et le corps de cavalerie avaient opéré leur jonction. Trois fois l'infanterie noble fondit sur les républicains, qui ne sourcillèrent pas et résistèrent à ces efforts comme un mur inébranlable. Jusqu'ici, on avait combattu dans l'ombre ; on se frappait au hasard. La nuit cachait les uniformes, voilait les drapeaux ; des deux côtés c'étaient les mêmes accents ; le champ était donné aux ruses et aux supercheries. Du milieu des rangs partaient des cris de découragement poussés par des voix ennemies. Mais rien ne put paralyser ou tromper l'ardeur des troupes de la République. Bientôt le soleil vint éclairer le champ de bataille et le désastre des royalistes. Cinq cents gentilshommes jonchaient le terrain ; on comptait parmi ces morts dix-huit officiers supérieurs et cinquante chevaliers de Saint-Louis. A cette vue, Condé se retira. Le général Abbatucci rendit les honneurs militaires aux cadavres ennemis, et leur donna la sépulture sur le champ de bataille ; car ce n'étaient pas précisément des ennemis, c'étaient des Français. L'honneur de cette journée revint presque tout entier au général Abbatucci.

Malgré ce brillant succès, il faillit perdre sa position. Le Directoire blâma cette noble générosité qui avait guidé Abbatucci lorsqu'il rendit à la terre les dépouilles des soldats qu'il avait combattus. Le Directoire voyait autre chose que des ennemis dans les émigrés. Aucun quartier, aucun honneur n'étaient dus aux enfants dénaturés qui levaient le glaive contre leur mère, contre leur patrie. Sans doute, le gouvernement devait se montrer implacable envers les Français qui combattaient la République ; mais Charles Abbatucci, inspiré par son noble cœur, savait que la mort sanctifie tout ennemi, et qu'il y a impiété à laisser ses restes exposés à la dent des animaux et aux outrages du temps. Quoi qu'il en soit, Abbatucci ne conserva son commandement que grâce aux vives instances de Moreau, qui fit valoir les hautes qualités du jeune général d'avant-garde et les éminents services qu'il avait rendus.

Cependant la division Ferino avait terminé ses mouvements excentriques et dut se rallier au gros de l'armée. Le général en chef avait changé de tactique. Il avait cessé les combats par détachements partiels et ne voulait plus faire mouvoir que des masses considérables. Il concentra donc ses forces et restreignit ses lignes. Ferino, qui commandait l'aile droite, ayant toujours Abbatucci à l'avant-garde, appuya sur la gauche. Toute l'armée française passa alors le Danube à Hochstadt, Dillingen, et Laningen. L'armée se trouva le 24 août concentrée derrière le Lech.

Le général Ferino commandait la droite près de Haustetten ; le centre, aux ordres du général Saint-Cyr, était établi entre Augsbourg et le Lech ; la plus grande partie de l'aile gauche commandée par Desaix se trouvait en face de Laugenweid ; le reste était devant Rerin et au Schellenberg.

L'aile droite passa le Lech vis-à-vis d'Haustetten, à un gué ignoré de l'ennemi et qui n'était pas gardé. Toutefois, la rivière grossie par les pluies roulait ses eaux avec fracas. Les volontaires avaient de l'eau jusqu'aux aisselles, et portaient sur leur tête leur fusil et leur giberne. Le courant était rapide, et le premier peloton qui s'y engagea fut entièrement emporté. La plupart des hommes qui le composaient auraient péri, si les généraux Abbatucci, Montrichard, le chef de brigade Cassagne, l'aide de camp Savary, n'eussent mis pied à terre et ne se fussent jetés à l'eau. De prompts secours, l'exemple des chefs ont ranimé les troupes ; la plupart des hommes entraînés ont été sauvés, et toute la division a réussi à passer le gué et à se ranger dans les broussailles, hors de la vue de l'ennemi. Les troupes étrangères envoyées pour arrêter les républicains furent repoussées ; nos soldats s'emparèrent de Kussing et gagnèrent les hauteurs qui mènent à Othmaring sur le flanc gauche de l'ennemi. En même temps, le général Saint-Cyr, par un feu d'artillerie et de mousqueterie dirigé sur le centre de l'armée ennemie, couvrait le passage d'autres corps de troupes qui ont traversé plusieurs gués. L'ennemi fut ensuite chassé du village de Lech-Hausen ; on s'empara du pont qu'il occupait et on y fit passer l'artillerie.

La hauteur de Friedberg fut enlevée. Ce combat fut plus décisif que celui d'Othmaring ; il décida la défaite de Latour. « Infatigable, et se multipliant sur tous les points avec une « ardeur qui tenait du prodige, Abbatucci contribua à ce « nouveau succès par une manœuvre qui lui valut les félicita-« tions du général en chef. »

Les Autrichiens mis en déroute battaient en retraite par les routes de Munich et de Ratisbonne. L'avant-garde de l'aile droite, commandée par Abbatucci, se porta immédiatement sur la gauche, sur la grande route de Munich et coupa cette retraite à l'ennemi. Le reste de la division Ferino prit l'ennemi en flanc ; le général Saint-Cyr, l'attaqua de front ; les Autrichiens furent alors mis dans une déroute complète. Le général Ferino les poursuivit au-delà de Rinethal, et le général Vandamme courut après eux par la vallée de la Sar.

La perte de l'ennemi à cette bataille fut considérable, et Abbatucci par son courage, son habileté et sa vigueur, contribua puissamment à cette victoire. La manœuvre qu'on lui avait commandée sur la route de Ratisbonne fut exécutée avec un ordre parfait, et l'avant-garde française soutint bravement le choc désespéré des ennemis.

Le 30 août, cette même avant-garde déboucha sur Mosach et sur Munich ; Charles Abbatucci repoussa sur la rive de l'Iser les avant-postes autrichiens aux ordres du général Dewey.

L'armée française avançait toujours, et chaque pas était marqué par un succès. Les brillants avantages remportés à Geisenfeld, à Mainburg, et à Neustadt avaient signalé nos armes.

Au milieu de ces victoires, Moreau s'aperçoit tout à coup qu'il s'était enfoncé trop avant dans la Bavière ; il se sentit sur le point d'être coupé ; l'ennemi avait toute facilité pour manœuvrer sur ses flancs ; les paysans insurgés pouvaient intercepter ses courriers, ses convois de munitions. Il avait appris par les feuilles allemandes que Jourdan était repoussé par l'archiduc. L'armée française quitta donc Geisenfeld où elle avait son quartier général, et revint à Nenbourg. Là elle fut attaquée (le 11 septembre) par le général Latour. Un instant le succès pencha vers nos armes ; mais les ennemis ayant reçu des renforts considérables, Moreau dut se retirer devant des forces supérieures. Nos soldats battirent désormais en retraite. Pressé de toutes parts par des troupes régulières formidables, harcelé par des nuées de paysans, marchant à travers un pays coupé de montagnes, de rivières, de défilés, embarrassé de bois, Moreau déploya ce talent des retraites qu'il possédait au premier degré. Il ramena par une tactique admirable du fond de la Bavière au Rhin cette armée dont la marche a été justement comparée à celle des dix mille.

VII

Le général Abbatucci était toujours destiné aux postes périlleux. Il ouvrait la marche, quand on allait en avant, et essuyait les premiers coups de l'ennemi. Il couvrait l'armée lorsqu'on battait en retraite. Il volait à l'ennemi avec une ardeur pleine d'enthousiasme. Il cédait le pas comme à regret, semblable au lion qui se retire dans les forêts, lentement, calme et digne devant des forces imposantes. Et puis il est des existences prédestinées. On dirait qu'elles ont conscience de leur durée éphémère et qu'elles se hâtent de déployer toutes leurs ressources. Ces hommes, dont la vie est condamnée, se prodiguent, se multiplient pour ainsi dire, afin de compenser par la rapidité de leurs actes, la brièveté des heures qui leur sont accordées par la Providence.

Il serait pour nous inutile de suivre tous les mouvements de l'armée de Rhin-et-Moselle dans sa retraite. Les opérations se succèdent, se divisent et s'étendent. Notre cadre serait encore débordé, et nous devons nous en tenir aux événements dans lesquels le général Charles Abbatucci a joué un rôle. Nous résumerons cependant d'une manière sommaire la situation de l'armée, ses grandes marches, les principales batailles qu'elle a livrées, afin d'éclairer le lecteur sur les principaux faits qui ont précédé l'affaire d'Huningue.

La position de Moreau était très difficile. Les ennemis l'avaient débordé sur plusieurs points. Il était menacé d'être tourné ; ses flancs et son centre étaient pressés par des troupes formidables ; ses ailes et son arrière garde étaient harcelées par une nuée de paysans qui décimaient les rangs dans une guerre de surprise et d'embuscade.

Le général en chef, afin de dégager la situation, présenta le combat aux Autrichiens qui l'acceptèrent.

Le 30 septembre l'avant-garde soutint avec le plus grand courage le choc du général Latour, et après une violente lutte, conserva sa position. Deux jours après, les Autrichiens fu-

Le garde des sceaux Abbatucci.

rent attaqués par les Français sur tous les points. La gauche, commandée par Desaix, se porta sur Biberach; le centre, aux ordres de Saint-Cyr, prit l'ennemi de front, sur Stauhausen. De toute part les Autrichiens furent enlevés; le succès fut complet; l'ennemi s'enfuit en grand désordre, poursuivi activement par nos troupes, laissant aux mains des Français cinq mille prisonniers dont soixante-cinq officiers, des drapeaux et vingt pièces de canon.

Pendant qu'une partie de l'armée battait l'ennemi à Biberach, la division du général Ferino, vaillamment secondée par Abbatucci, remportait aussi à Ravenburg un beau succès.

La victoire de Biberach ne suffisait pas toutefois pour dégager l'armée de Rhin-et-Moselle. Elle était entourée d'ennemis aux revers des Montagnes-Noires, qui lui défendaient le passage des défilés. Le prince Charles marchait avec une partie de son armée et menaçait de détruire les ponts jetés sur le Rhin. Il fallait donc se faire jour par plusieurs coups de vigueur. Toute communication avec la France était interdite. Les positions de Rotveil, Vilingen, Donechingen, et Neustad-Valdsut étaient au pouvoir des généraux Petrache et Nauendorf, à la tête de vingt-cinq mille hommes; les villes forestières étaient en outre occupées par des troupes autrichiennes et des paysans armés.

Les premiers efforts de Moreau furent employés à ouvrir le passage des villes forestières. Ce passage fut forcé sans de trop grandes difficultés, par une demi-brigade, escortant les convois de munitions, les blessés et les malades. Une partie de l'armée dut contenir le général Latour, remis de sa défaite de Biberach; l'autre partie marcha sur Rotveil et Vilingen. Ces deux positions ont été emportées après plusieurs combats assez vifs; et l'ennemi a été chassé avec perte d'hommes et d'artillerie.

Les gorges de la Forêt-Noire restaient à forcer.

Entre Neustadt et Fribourg, s'étend dans les Montagnes-Noires, sur une longueur de plusieurs lieues, une vallée extrêmement étroite, resserrée entre deux montagnes escarpées; c'est un défilé effrayant pour le passage d'une armée, et que Villars n'osa franchir en 1702. On l'appelle le *Val d'Enfer*. Les deux rochers à pic qui pressent cette vallée laissent à peine entre eux un espace de 18 à 20 mètres. Au fond roule un torrent

Les Français s'engagèrent hardiment dans le défilé; ils avaient l'ennemi en tête, en dos, sur les flancs. Les Autrichiens furent culbutés avec perte et le centre de l'armée prit position en avant de Fribourg. Pendant ce temps l'aile droite et l'aile gauche avaient opéré leur jonction, et contenaient les troupes du général Latour, Petrarche, Nauendorf. — Elles défilèrent aussi heureusement que le centre, les 22, 23 et 24 vendémiaire, ainsi que les équipages et convois.

Ce passage, aussi hardi qu'habile, compte parmi les plus

beaux faits de Moreau ; et cette grande armée que les ennemis se vantaient de prendre toute entière, passa saine et sauve pour ainsi dire sur le ventre des Autrichiens, leur faisant éprouver des pertes considérables. — Elle campa fièrement, après une marche de cent lieues, encore prête au combat et à la victoire.

L'armée française, à la sortie des défilés, livra une série de combats dans lesquels elle eut toujours l'avantage, et fit aux Autrichiens de nombreuses prises.

Le 21 octobre, elle se retira sur Huningue ; l'ennemi la suivit avec de l'artillerie ; il pénétra dans Fribourg, et allait déboucher de cette place pour attaquer la division Saint-Cyr ; mais l'arrière-garde commandée par les généraux Abbatucci et Laboissiere, arrêta les Autrichiens. Moreau put alors concentrer quelques troupes auxquelles vint se rallier la division Ferino qui sortait de la vallée San-Peter, suivie de près par le général Fralich et le prince de Condé.

Dans cette affaire, l'attitude des généraux Abbatucci et Laboissière fut décisive ; sans ce mur puissant de baïonnettes qu'opposèrent ces deux braves généraux au choc de l'archiduc, l'ennemi précipitait la retraite de Moreau, arrêtait à la sortie du défilé de Sau-Peter les colonnes de Ferino et les mitraillait sous le feu de Fra'ich. Cette courageuse initiative du général Abbatucci sauva notre armée d'un grand désastre. Du reste les efforts de l'ennemi s'étendaient sur tous les points : artillerie, infanterie, cavalerie, firent assaut contre toutes nos positions. Ces attaques réitérées furent repoussées, et les généraux Moreau, Saint-Cyr, Ferino, aussi bien qu'Abbatucci et Laboissière, se couvrirent de gloire dans cette journée mémorable.

A la suite de ces événements, voici comment s'exprimait le Directoire dans son message aux conseils des Cinq-Cents et des Anciens, du 25 vendémiaire an v :

« Le Directoire exécutif s'empresse de vous annoncer le ré-
« sultat de l'opération militaire la plus décisive qui ait eu lieu
« dans cette campagne, sur les frontières de l'Est ; résultat
« qui seul pouvait consolider les nombreux succès de nos ar-
« mées sur le Rhin et faire prononcer de quel côté resteraient
« enfin l'avantage et le fruit de tant de travaux.

« L'armée de Rhin-et-Moselle, laissée entièrement à décou-
« vert sur sa gauche par le mouvement rétrograde du général
« Jourdan, lorsqu'elle était aux portes de Munich, et bientôt
« ensuite cernée de toutes parts, est revenue, dans le plus
« grand ordre, sur les bords du Rhin, non-seulement sans
« s'être laissé entamer, mais en battant elle-même l'ennemi
« dans chaque occasion, forçant partout les passages, et
« débouchant enfin par deux colonnes, l'une dirigée sur
« Huningue, et l'autre par Fribourg, après une victoire
« signalée, où elle a fait 5,000 prisonniers et pris 20 pièces
« de canon. Ainsi, après avoir vécu aux dépens de l'ennemi
« pendant toute la campagne active ; après avoir détaché de la
« coalition la presque totalité des princes de l'empire ; après
« avoir favorisé par une diversion puissante l'invasion de
« l'Italie, elle demeure maîtresse du Brigaw, de tous les ponts
« du Rhin, et de tous les passages et défilés qui ouvrent le
« pays ennemi. Cette mémorable retraite sera mise, par la
« postérité, au nombre des plus belles opérations militaires
« qui aient jamais été exécutées en aucun pays : elle cou-
« vre de gloire l'armée de Rhin-et-Moselle et son modeste
« général ; l'ennemi lui-même, à la suite de ses mouvements
« hasardés, se trouve dans un état de dissémination qui nous
« permet d'espérer encore de nouveaux succès importants. »
(Réveillère-Lépeaux) président.

Pendant que Moreau opérait sur Huningue, Desaix avec une division, grâce à une fausse manœuvre des ennemis, avait pu passer le Rhin à Vieux-Brisach, sur un pont de bateaux qu'il fit lever après son passage. Il se portait sur Kehl, afin de menacer les derrières de l'ennemi.

L'archiduc, apprenant ce mouvement, détacha imprudemment 12,000 hommes de son armée pour bloquer la place de Kehl.

Moreau cependant avait pris position : la gauche au Rhin, la droite à Kaudern, le centre à Schillingen.

Le projet du général en chef était de se soutenir dans cette position si l'ennemi ne le suivait pas avec toutes ses forces. Les Autrichiens dirigèrent principalement leurs efforts sur Kaudern et Hiel. Ils cherchaient, en débouchant par Liedlingen, à arriver à Amendingen avant Moreau, et à lui couper la route d'Huningue.

Ils attaquèrent vivement le même jour le poste de Rhinfelden ; mais le pont fut coupé à temps, et cette tentative n'eut aucun effet.

Le général Ferino fut chargé de défendre Kaudern et Hiel. Charles Abbatucci, dans cette belle défense, se couvrit de gloire à la tête de la troisième demi-brigade, des 56e et 89e de ligne ; il soutint tout un jour les attaques réitérées de l'ennemi, et secondé par le général Montrichard, il ne laissa pas une seule fois entamer nos rangs.

Nauendorf s'était emparé dès le matin des hauteurs du château de Burchlen et de Feldberg. Vers midi, ce général ennemi dirigea la principale partie de sa division sur les coteaux occupés par Ferino entre Sigenkirch et Kaudern ; nos troupes essuyèrent d'abord, sans rompre, le choc des Autrichiens ; mais ne recevant aucun appui, elles essayèrent de se replier en bon ordre. Bientôt la confusion se mit dans nos rangs, et Nauendorf arrivant au-dessus de Kaudern, était près de tourner Ferino et de battre ses troupes. Les généraux Abbatucci et Montrichard, qu'on retrouve toujours quand il s'agit de sauver une armée et d'arrêter un ennemi victorieux, font soudain volte-face, arrêtent les troupes de Nauendorf, résistent longtemps à toutes leurs attaques, et les contiennent sur toute la ligne. Pendant cette héroïque diversion, Ferino rallie ses soldats, reforme ses colonnes, et régularise sa marche. Arrivé derrière le ruisseau de Kaudern, il étend sa ligne, campe sur les hauteurs qui commandent le village de Hiel ; et par des prodiges de valeur, s'y maintient sans permettre à l'ennemi de faire le moindre progrès. Pendant cette brillante affaire, le général Joubert soutenait l'attaque depuis Schillingen jusqu'au Rhin.

Ces marches et ces combats avaient réduit l'armée à un état de fatigue extrême ; il faisait en outre un temps affreux ; une pluie mêlée d'orages tombait à torrents. Malgré cette situation, que rendaient plus difficile encore les forces supérieures des ennemis, elle résista à toutes les attaques, et conserva toujours l'avantage.

Le 26 octobre, l'armée prit position à Attingen ; le 27, elle passa le Rhin à Huningue. L'armée ennemie n'était campée qu'à une lieue ; elle n'osa pourtant pas troubler le passage des Français.

Ce passage fut protégé par le général Abbatucci. C'est une mission qui lui revient toujours. L'armée semblait l'avoir choisi comme son génie protecteur ; il veille sans cesse à son salut. Et c'est un noble spectacle de voir ce jeune héros debout, présentant son front et la pointe de son épée à l'ennemi, pendant que l'armée défile et passe le pont. Il reste le dernier sur l'autre rive, comme s'il devait compte de la vie de toute cette armée, et l'ennemi lancé sur nos derrières, en voyant cette épée qui s'étendait vers lui toutes les fois qu'il s'agissait de protéger une marche, s'arrêtait tout à coup, se repliait, pareil à ces vagues furieuses qui accourent du large vers le bord, frappent en vain de leur masse les flancs d'une falaise, et rebondissent en arrière, refoulées par cette barrière de rochers.

IX

L'armée française avait franchi le fleuve. Moreau laissa une division pour garder Huningue et se dirigea vers le pont de Kehl. Huningue est une petite ville située sur la rive gauche du Rhin, à un kil. de Bâle.

« La tête du pont consistait en un ouvrage à cornes, com-
« mencé par Vauban dans une île du Rhin, nommée Île des
« Veaux ou Îles Cordonniers, et séparée de la rive gauche par
« un très-petit bras ; plus, une demi-lune située sur la rive
« droite, et qui communiquait avec l'île par un pont en bois.
« Détruite par une des stipulations du traité de 1748, elle
« venait d'être relevée depuis peu, mais était en fort mauvais
« état ; les fossés étaient sans profondeur, sans palissades ; la
« demi-lune à peine commencée ; les gorges étaient ouvertes,
« sans lumières, sans barrières, et sans chemins couverts pour
« en défendre les approches ; heureusement l'ennemi employa
« à se retrancher un temps précieux, qui aurait été extrême-
« ment favorable à l'attaque, ce qui donna le temps à la gar-
« nison de compléter autant que possible le moyen des dé-
« fenses. »

Le général Reynier régla le service de la place et de la tête du pont. Voici l'ordre du jour signé par ce général :

« Armée de Rhin-et-Moselle,

« Au quartier général à Huningue, le 5 brumaire an v de
« la République française, une et indivisible ;

« Ordre de service de la place d'Huningue, et de la tête du
« pont.

« Le général de brigade, Abbatucci, chargé de la défense
« de la tête de pont, logera les troupes qui y sont destinées,
« tant dans la tête de pont que dans la ville, et l'île de la
« Batterie. Il disposera de l'artillerie de la manière qu'il jugera
« le plus convenable à cette défense. Les commandants du
« génie et de l'artillerie exécuteront tous les ordres qu'il
« donnera. Ses troupes seront uniquement chargées de la dé-
« fense, et feront le service de la tête de pont sur le quai
« et l'île de la Batterie.

« Le général N... sera chargé du commandement intérieur
« de la place. Le bataillon de la 4e demi-brigade d'infanterie
« qui est en garnison à Huningue, sera chargé du service de
« la place et de la police.

« Le chef de bataillon du génie, Poitevin, est chargé de la
« direction des ouvrages de la tête de pont.

« Les sapeurs qui sont à ses ordres seront logés en ville.
« Il y aura jour et nuit dans la tête de pont les officiers du
« génie qui seront nécessaires pour la direction des travaux.
« Des pontonniers seront jour et nuit de garde au pont, afin
« d'être à portée de faire les opérations qui seront nécessaires.

« Le général de brigade, chef d'état-major général,

« E. REYNIER. »

Le général Abbatucci se trouvait encore et toujours au poste
de l'honneur, au poste du danger. Il avait sous ses ordres les
troupes suivantes :

Abbatucci
{
Premier corps. — Aile droite de l'armée de
Rhin-et-Moselle, 26 octobre 1796.
Pour la défense de la tête de pont d'Huningue :
3e demi-brigade d'infanterie légère,
56e de ligne,
39e de ligne,
Les grenadiers des corps, la 3e d'infanterie
exceptée,
Le 4e dragon,
La compagnie d'artillerie légère du capitaine
Foy.

Il logea ses troupes dans la partie de la place qu'il devait
défendre, et fit terminer les ouvrages de défense par des travailleurs. « La première division fournira les travailleurs nécessaires à la prompte élévation de la tête de pont d'Huningue ;
il y aura continuellement sur le terrain 1,200 travailleurs, etc., etc. »

Le lendemain de son installation il publia l'ordre du jour
que nous transcrivons :

« Le chef de brigade Cassagne est nommé commandant de
« la tête de pont d'Huningue ; toutes les troupes destinées à
« sa défense, ainsi que l'artillerie, seront sous ses ordres ; il
« établira son service de manière que les troupes placées dans
« la demi-lune soient relevées tous les deux jours.

« Le citoyen Foy, capitaine d'artillerie légère, est nommé
« commandant de l'artillerie de la tête de pont. Il aura sous
« ses ordres les pièces d'artillerie légère et les pièces de bat-
« teries qui seront employées à la défense.

« Le citoyen Forno, capitaine d'artillerie, aidera le capitaine
« Foy dans ses fonctions et le remplacera au besoin.

« Le chef de brigade Vignes est nommé commandant des
« troupes de l'armée qui logeront en ce moment dans la place
« d'Huningue. Il aura sous sa surveillance le camp de gre-
« nadiers établi entre la place et le Rhin.

« Les troupes de la tête du pont seront relevées tous les six
« jours, et celles de la demi-lune tous les deux jours. Trois
« compagnies tirées du camp des grenadiers seront toujours
« dans la demi-lune de la tête de pont, et seront relevées tous
« les deux jours.

« Toutes les troupes destinées à la défense de la tête de
« pont, tant celles qui y sont campées que celles qui sont dans
« la place, ainsi que les grenadiers, recevront triple ration de
« bois et d'eau-de-vie. Les troupes placées dans la demi-lune
« de la tête de pont recevront double ration d'eau-de-vie.

« Les troupes destinées à la défense de la tête de pont ne
« sont point obligées d'y travailler. Si cependant quelques
« soldats voulaient le faire de bonne volonté, ils recevront
« comme les autres dix sols par jour et une ration d'eau-de-
« vie de plus. Ils le déclareront à leurs chefs, qui les forme-
« ront par détachement à une heure convenue, pour les mettre
« à la disposition de l'officier de génie.

« Le général recommande aux troupes placées à la tête de
« pont, de respecter les ouvrages, bois, fascines et tous les
« autres objets qui doivent concourir à sa défense. Il fera
« punir très sévèrement ceux qui contreviendraient à cet
« ordre.

« Les postes placés au pont d'Huningue ne laisseront entrer
« ni sortir qui que ce soit sans une permission signée du
« citoyen Cassagne ou de moi, et n'en laisseront approcher
« aucun bourgeois sous quelque prétexte que ce soit. Ceux qui
« seraient arrêtés dans la tête de pont me seront conduits sur-
« le-champ. »

Le général Abbatucci prenait avec confiance la défense de
la tête de pont. Quelle était pourtant la situation des soldats
qu'il avait sous ses ordres, et de quelles ressources pouvait-il
disposer lui-même ? Nos troupes étaient dans le plus complet
dénûment. Elles étaient sans souliers, presque sans vêtements.
L'hiver sévissait déjà avec rigueur ; on était sans bois ; les vivres
n'arrivaient pas toujours régulièrement, et les ouvriers qui tra-
vaillaient aux fortifications n'avaient pas souvent les outils
nécessaires

D'un autre côté, la défense de la tête de pont d'Huningue
présentait les plus sérieuses difficultés. Les ouvrages ne com-
mandaient pas la contrée. Sur la rive droite du Rhin, s'étendait un plateau de 30 mètres d'altitude, coupé parallèlement
au fleuve par un escarpement très rapide. Ce plateau, situé à
environ un kilomètre de l'ouvrage à cornes, et beaucoup plus
rapproché de la demi-lune, commandait et dominait tous les
ouvrages. C'était ce fameux plateau de Friedlingen qui, près
d'un siècle avant, avait donné son nom à la brillante victoire
que Villars remporta sur le prince de Bade.

La rive droite du Rhin était couverte d'ennemis ; le prince de
Furstenberg fit occuper le plateau ; des masses considérables
prirent position en même temps vis-à-vis de la tête de pont
à Altingen, à Weil, à Aimelgenden. Le prince, dit M. Maurin,
employa les premiers jours de novembre à faire ouvrir une tranchée parallèle suivant toutes les sinuosités du plateau. Cette
tranchée reçut 13 batteries. Les Autrichiens débouchèrent alors
dans la plaine, par un boyau et ouvrirent une seconde parallèle
à 600 mètres de la demi-lune, sur une étendue de quatre kilo-
mètres. On y plaça les batteries des mortiers.

Ces ouvrages considérables démontraient l'importance que
l'ennemi attachait à la position défendue par le général Abbatucci. Celui-ci observait les mouvements des Autrichiens, et
ne se faisait pas illusion sur la difficulté de sa situation. Les
troupes françaises elle-mêmes, à l'aspect de ces apprêts formidables, à la vue surtout de la pénurie dans laquelle elles se
trouvaient, désespéraient du succès de la défense. Toutefois le
courage ne les abandonna pas un seul instant. Elles puisaient
leur confiance dans celle de leur général ; elles partageaient son
enthousiasme, son amour de la patrie. Abbatucci les inspirait
de son héroïsme ; il leur communiquait son élan, son intrépidité, son activité infatigable, sa stoïque indifférence des privations ; enfin, pour nous servir d'une magnifique expression de
Victor Hugo, il les armait de son âme.

Toute cette situation est dépeinte dans un rapport du général
Abbatucci, qui toutefois, on doit le comprendre, n'y manifeste
pas son action personnelle et se tient modestement dans l'oubli.

Il écrivait au général Reynier, chef d'état-major de
l'armée :

« Au quartier général à Huningue, le 6 frimaire an v de la
« République.

« La tête de pont devient tous les jours plus respectable,
« mais les troupes y souffrent extrêmement. Pas de souliers,
« point d'habits, point de capotes, presque pas de bois, et pas
« de prêts. Tout cela ne diminue pas cependant leur courage
« ni leur dévoûment. L'ennemi, après avoir assuré sa gauche
« par une grande quantité d'ouvrages, a commencé à che-
« miner de sa droite le long du Rhin par les boyaux de tran-
« chées. Il travaille maintenant à une batterie d'où il menace

» le pont. Vous jugez bien que je ne l'ai pas laissé travailler
» tranquillement. Hier, les batteries de la digue et de l'île
« ont commencé à faire feu aussitôt qu'on a découvert les
« travailleurs. Il a riposté par toutes ses pièces, et il s'est
« établi une forte canonnade. Les ricochets ont porté plu-
« sieurs boulets sur le pont, et nous avons eu plusieurs ba-
« teaux percés, qu'on a changés lestement.

« Comme il nous est impossible d'empêcher l'ennemi de
« travailler la nuit, nous avons pris le parti de faire des tra-
« vaux de contre-approche, et nous commençons cette nuit
« à cheminer aussi le long du Rhin, en couvrant notre flanc
« droit, comme il couvre son flanc gauche. Nous leur épar-
« gnerons ainsi la moitié du chemin, et quand nous serons à
« portée, je ferai travailler les hussards à pied. »

Le général Abbatucci se multipliait ainsi et employait toutes
les ressources de son esprit pour résister aux ennemis. L'activité de la défense répondait à la formidable puissance de
l'attaque. Le prince de Furstenberg, irrité de se voir arrêté si
longtemps ainsi par une poignée de soldats, résolut de tenter
un coup décisif. Il fait sommer préalablement Abbatucci de
rendre la place. Ce n'est pas là un langage qu'on tient aux
Français. La réponse d'Abbatucci fut simple et brève comme
tous les mots héroïques : *Venez la prendre*, écrivit-il sur le dos
du chiffon de papier sur lequel le prince de Furstenberg avait
écrit la sommation. L'ennemi fit feu alors (12 novembre 1796).

« L'attaque débuta par une canonnade des plus vives de
toutes les batteries des contrevallations et des batteries Élisa-
beth, Charles et Ferdinand. »

Les fortifications reçurent de rudes atteintes ; les murailles
encore fraîches furent aisément attaquées par la pluie de boulets que vomissaient les canons autrichiens. Notre feu ripos-
tait avec non moins de vigueur au feu de Furstenberg. Nos
pointeurs se distinguaient par leur sang froid et la sûreté de
leur tir. L'ennemi eut plusieurs pièces démontées, et le capitaine Foy, qui dirigeait l'artillerie, se distingua par son courage, son active habileté. Mais Abbatucci surtout s'attira,
dans cette occasion, l'admiration de ses soldats. Il était partout ; il se portait, avec une ardeur que rien ne peut abbattre,
sur tous les points où la présence du chef était nécessaire.
Dans ces moments-là il n'était pas seulement capitaine ; il
était soldat ; il donnait des ordres et courait le premier, avec
ses troupes, les accomplir. On le voyait tour à tour sur la
brèche, aux batteries, au travail des fortifications, ordonnant
et exécutant sur tous les points.

Cependant le feu a cessé. Un nuage de fumée s'étend sur
la tête du pont et dérobe aux regards la situation des Français. L'ennemi attend pour connaître l'effet de ses batteries.
Peu à peu la fumée se dissipe. Un tableau saisissant apparaît
alors. Les fortifications ne présentaient aucune brèche ; partout flotte le drapeau de la République ; de tous côtés se présentent sur les murailles les soldats français, prêts à répondre
encore au canon de l'étranger. Toutes les brèches avaient été
réparées pendant le combat. Cependant, les boulets autrichiens
nous avaient fait éprouver une perte irréparable : une batterie
ennemie était établie en aval de la place à l'endroit où le
Rhin fait un léger coude ; les décharges enfilaient le fleuve
et prenaient le pont en écharpe. L'effet avait été désastreux ;
le pont avait été rompu ; quatorze bateaux avaient été coulés
et vingt et un descendaient le fleuve à la dérive. La situation
des Français, déjà critique, devenait presque désespérée.
Toute communication était coupée ; ni munitions, ni renforts
ne pouvaient plus leur arriver, à eux qui manquaient déjà de
tant de choses. L'ennemi allait profiter, sans doute, des avantages que leur faisait cette position et tenter un assaut la nuit
même.

Et pourtant, le courage de nos troupes ne se laissa pas
affaisser.

C'est un admirable don que ce sentiment d'indifférence et
de gaîté qui n'abandonne jamais le soldat français au milieu
même des épreuves les plus terribles. Il a un ressort admirable dans son esprit toujours en éveil, dans son audace qui
sait tout affronter, dans son cœur audacieux que rien ne sur-
prend et n'effraie. Donnez-lui un chef intelligent, ferme,
brave, d'un caractère fortement trempé, avec les qualités que
ce soldat possède, comme le général Abbatucci, et ce soldat
tout mutilé gardera, avec une inébranlable persévérance, ces
remparts qui lui sont confiés ; et son général, Charles Abba-

tucci écrira au chef de l'armée, à Moreau, le rapport suivant :

« Au quartier général d'Huningue, le 8 frimaire an V).

« Le prince de Furstenberg, mon général, m'a sommé ce
« matin. Vous verrez la copie de sa lettre et ma réponse. Le
« feu a commencé à une heure après midi. Malgré tout ce que
« nous avons pu faire, leur nombreuse artillerie a tellement
« fracassé le pont, qu'il a été coupé et emporté par la rapidité
« du fleuve. Nous sommes donc dans la *tête de pont*. Cet événe-
« ment n'a nullement intimidé les braves gens qui doivent la
« défendre. Il nous reste encore quelques bateaux, avec les-
« quels je vais tâcher de nous faire conduire des vivres et des
« munitions. J'avais déjà eu la précaution de faire mettre
« cent soixante mille cartouches dans les petits magasins. Je
« tâche aussi de faire établir un pont volant ; mais les offi-
« ciers de pontonniers désespèrent de le faire ; ils manquent
« des choses les plus essentielles, et je n'y compte pas.

« Je vous envoie, mon général, un courrier pour que vous
« veniez le plus promptement possible à notre secours. Si vous
« pouviez nous envoyer avec célérité une vingtaine de bateaux,
« nous pourrions encore rétablir notre pont ; mais il n'y a
« pas de temps à perdre.

« *En attendant vos ordres et vos secours, je serai ferme comme
« un roc dans le poste où vous m'avez placé.*

« CH. ABBATUCCI. »

Le prince de Furstenberg jugeait que la situation d'Abbatucci n'était plus tenable après la rupture du pont, et lui fit
une nouvelle sommation. La première réponse lui fut faite
une seconde fois. Cependant, Abbatucci ne devait attendre
aucun secours de Moreau. Dans un assaut que les Autrichiens
livrèrent, le 28 novembre, au fort de Kehl, le pont militaire
qui reliait Strasbourg à la rive droite avait été fortement ava-
rié par les obus ; une partie du grand pont avait été, d'un autre côté, emportée, et le général Abbatucci ne pouvait recevoir les bateaux qu'il avait demandés. Il recevait du général
en chef cette lettre désespérante :

« Armée de Rhin-et-Moselle ; au quartier général de Schiliket,
« le 9 frimaire an V de la République ;

« Le général en chef au général Abbatucci :

« J'ai reçu, mon cher général, votre lettre d'hier. Notre
« grand pont a été également rompu, de sorte que nous ne
« pouvons vous envoyer aucun ponton. Je donne l'ordre au
« général Elbé de vous faire passer promptement des bateaux
« d'Ill pour votre communication. Vous devez déjà avoir un
« bac à traille, et je ne vois pas pourquoi on n'établirait pas
« le pont volant qui a été déjà placé avant le pont.

« Quant à votre défense, je ne puis que m'en rapporter à
« votre prudence et à vos talents. Je suis bien certain que,
« quand vous quitterez la tête de pont, c'est qu'il n'y aura
« guère possibilité de la tenir.

« MOREAU. »

Toutefois, les Français ne négligeaient rien pour la défense.
La rupture du pont n'arrêta même pas entièrement les communications entre les deux rives. On se servit pour les relier,
en partie de bateaux détachés et en partie d'un pont volant
qui ne cessaient de fonctionner, même sous le feu de l'ennemi.

Les Autrichiens, voulant profiter de la destruction du pont,
résolurent, le 30 novembre, de tenter un assaut par surprise.
Pour tromper les Français, ils firent d'abord une fausse attaque, et lancèrent sur nos ouvrages une grêle de boulets. Puis,
à la nuit, le feu cessa tout à coup, et nos troupes purent supposer que l'ennemi attendait le jour pour continuer son attaque. La tête de pont que défendait Abbatucci était forte de
3,000 hommes. Les Autrichiens, au nombre de 6,000, se
mirent en mouvement sur trois colonnes. La première marcha
contre le flanc gauche de l'ouvrage ; la seconde alla droit sur
la demi-lune ; la troisième devait prendre nos ouvrages par le
flanc droit. Abbatucci ne s'attendait pas à ce coup de main ;
les soldats français se livraient au repos ; les officiers seuls
veillaient sous la tente, se communiquant leurs pensées et ré-
fléchissant aux moyens de résistance. Abbatucci, lui, lisait

Le général Charles Abbatucci tombant dans les bras du capitaine Foy, à Huningue.

dans le texte latin au capitaine Foy et à quelques autres quelques vers de l'*Énéide*, et au moment où il récitait ce passage :

Ultor eris mecum, aut aperit si nullam viam vis,
Occumbes pariter (1)...

Le bronze retentit; les avant-postes ont crié : *aux armes.* Abbatucci et ses officiers se dressent au même instant. Le chef de la place suivi de Vignes, de Foy, de Cassagne, se précipite sur la brèche, les soldats accourent de toutes parts et se rangent sous leurs chefs. Cependant l'ennemi avait forcé les avant-postes, et était maître des fossés. Nos batteries ne pouvaient pas dans cette position foudroyer l'ennemi.

Abbatucci, qu'une heureuse idée inspirait toujours dans les cas suprêmes, saisit un obus et le lança dans les fossés. Le globe de fer éclate et sème dans les rangs ennemis le désordre et la mort. Les artilleurs suivent cet exemple, et une pluie d'obus et de grenades tombe sur les Autrichiens.

Le centre des troupes ennemies attaque vivement la demi-lune; une lutte acharnée s'engage; après des prodiges de valeurs, les Français durent céder au nombre et se retirer de

l'autre côté du petit bras du Rhin, dans l'ouvrage à cornes. Cette retraite servit heureusement les Français. Tant que ceux-ci avaient occupé la demi-lune, l'artillerie du capitaine Foy n'avait pu faire feu. Elle tonna sur l'ennemi de toutes ses bouches, dès que l'ouvrage ne fut plus occupé que par les Autrichiens.

Ceux-ci ripostent par un feu nourri, avancent à travers la mitraille jusqu'à l'ouvrage à cornes dont ils tentent l'escalade. La lutte devient alors terrible, effrayante, au milieu de cette nuit sombre qui enveloppait les combattants. Les coups partaient dans l'ombre au hasard. L'éclair de la fusillade déchirait l'obscurité, les cris des soldats trahissaient seuls l'ennemi et guidaient le bras. La mort, rapide, inopinée, invisible, parcourait les rangs des deux côtés. Mais rien ne pouvait arrêter l'élan du général Abbatucci. Le moment était décisif; il songea qu'il est des heures où le chef doit payer de sa personne et marcher le premier au combat. Il faut dans ces instants suprêmes de ces charges rapides, foudroyantes, qui déconcertent l'ennemi; et le général seul peut inspirer aux soldats ce soudain entraînement.

A la tête des grenadiers du 89e de ligne, il se précipite sur les assaillants, charge l'ennemi à la baïonnette, lui fait faire volte-face, le chasse l'épée dans les reins de toutes les positions dont il s'était emparé, et reprend la demi-lune. En ce

(1) Tu seras avec moi le vengeur de la patrie, et si la valeur ne nous ouvre aucune voie, nous succomberons ensemble....

moment arrive la troisième colonne des Autrichiens, qui devait donner sur le flanc droit de l'ouvrage ; elle s'était égarée dans l'obscurité et se présentait trop tard au combat. Nos troupes la reçurent rudement, et son colonel, Nesslingen, fut tué en voulant monter à l'assaut. De toute part l'ennemi était en fuite ; toutes nos positions avaient été reprises vaillamment. Abbatucci avait encore une fois enchaîné la victoire ; mais comme Épaminondas, il paya de sa vie son succès et dut s'ensevelir dans son triomphe. Nos soldats frappaient les derniers coups ; déjà le capitaine Foy serrait avec joie les mains de son général et l'appelait le sauveur de la patrie. Abbatucci pouvait s'abandonner au sentiment d'une heureuse destinée, et croire à sa brillante étoile. Sans doute, son cœur se gonflait de cette joie immense qu'éprouve un héros après un grand événement stoïquement accompli. Cette suprême jouissance qui illumine ses traits marque l'apogée de sa glorieuse carrière. Un soldat autrichien, caché derrière un gabion prêta son bras au destin. Il aperçut le général français entouré de ses officiers ; son œil que la fatalité éclairait reconnut le chef ennemi : d'un seul coup l'échec des siens pouvait être vengé ; il saisit son arme, ajusta cette noble tête qui, si souvent s'était offerte à la mort, que la mort paraissait la respecter.

On entendit un cri sourd en même temps que la détonation d'une arme à feu ; le général pâlit, il s'affaissa, et le capitaine Foy le reçut dans ses bras. Sur certains points nos troupes combattaient encore. Abbatucci ne voulut point les décourager. Par un effort suprême il se releva, alla s'asseoir sur le talus d'une redoute, et de là, il continua de donner ses ordres jusqu'à la fin du combat. On le transporta ensuite sous sa tente. La blessure était mortelle. « La balle avait traversé le bas-ventre jusqu'à la région lombaire, et avait obliqué dans l'épaisseur des muscles. »

Malgré les graves symptômes qui se manifestèrent, le calme et le courage ne l'abandonnèrent pas un seul instant. Il fut le chef jusqu'à son dernier soupir, et le sentiment de sa responsabilité ne l'abandonna pas un seul instant ; les souffrances ne purent altérer la sérénité et la lucidité de son esprit ; il dicta lui-même le rapport sur la lutte du 30 novembre. Ce rapport reçu par le général Feuriez fut transmis à Moreau, qui lui répondit :

« Armée de Rhin-et-Moselle.

« Au quartier général à Schilik, le 13 brumaire an V de la République française ;

« Le général en chef au général Abbatucci ;

« J'ai reçu, mon général, votre lettre du 11, avec le rapport « du général Feuriez. J'attends votre guérison pour me féli-« citer de vous avoir confié le commandement de la tête de « pont d'Huningue. Il vous fait le plus grand honneur ; je ne « doute pas que le gouvernement ne vous témoigne toute sa « reconnaissance. Mais surtout tâchez de vous guérir promp-« tement.

« Nous sommes ici serrés d'assez près, ce qui ne serait « rien si les moyens ne nous manquaient pas. Tout cela nous « met dans l'impossibilité de pratiquer une voie. »

Pendant ce temps, Abbatucci fut transporté à Blotzheim, dans la maison de M. de Salomon, qui avait généreusement organisé un service de secours pour les blessés. Charles Abbatucci mourut le 2 décembre à 11 heures du matin. Sa dernière parole fut pour la France, la France pour laquelle il était heureux de mourir. Ses amis, ses officiers, la patrie qui perdait un défenseur, eurent des larmes ce jour-là pour ce héros mort à 26 ans. La France qui lui paya alors ce tribut de regret et d'attendrissement, ne lui doit plus aujourd'hui que son admiration ! Cette admiration est dans tous les cœurs français.

Le premier monument glorieux élevé à la mémoire du général Charles Abbatucci fut une fraternelle offrande de ses compagnons d'armes. Les officiers de la garnison d'Huningue se réunirent dans un mouvement spontané, pour glorifier son souvenir :

« Les officiers généraux et de l'état-major de l'aile droite « prient le citoyen Poitevin, chef de bataillon du génie, de se « charger de faire placer, dans la demi-lune de la tête de « pont d'Huningue, une pyramide en l'honneur du général « Abbatucci.

« Cette pyramide devra être triangulaire, haute de cinq à six « pieds, et porter pour inscription :

AU GÉNÉRAL ABBATUCCI,
NÉ A ZICAVO, EN CORSE.
DANS LA NUIT DU X AU XI FRIMAIRE AN V,
A L'ASSAUT DONNÉ PAR LES AUTRICHIENS,
IL FUT ATTEINT DANS LE FLANC D'UNE BLESSURE MORTELLE
DE LAQUELLE IL MOURUT LE XII FRIMAIRE AN V
DE LA RÉPUBLIQUE FRANÇAISE,
DANS LA XXVIe ANNÉE DE SON AGE.
SOLDAT, QUI QUE TU SOIS, RESPECTE SA MÉMOIRE.

X

Depuis cette mort héroïque, le génie des grands dévoûments semble planer sur la ville d'Huningue. Son monument fut comme le palladium de l'honneur français.

En 1815, 25,000 Autrichiens assiégèrent cette place défendue à peine par 600 hommes sous les ordres du général Barbanègre. Les défenseurs d'Huningue ne pouvaient pas démériter de leur ancienne renommée. L'ombre d'Abbatucci veillait sur ses murs. Chaque soldat de cette petite troupe s'inspirait de sa mémoire. La moitié de la garnison se fit tuer ; chaque soldat frappé du coup mortel pouvait murmurer : *Et moi aussi je meurs pour la patrie.* Après douze jours d'une lutte si inégale que les proportions rentrent dans les données de la fable, la garnison capitula. Elle traita avec l'ennemi d'égal à égal, et sortit de la place avec tous les honneurs militaires. Une immense population couvrait les rives du Rhin pour voir sortir fièrement, tambours en tête, devant 25,000 ennemis, deux cents Français. L'étonnement était sur tous les visages. De toutes parts éclatèrent des applaudissements. Applaudissons aussi, lecteurs et écrivains de la vie d'Abbatucci : *l'ombre de ce jeune héros marchait à leur tête.*

L'ennemi qui, dans un généreux élan, avait salué cet héroïsme, ne sut pas respecter le monument qui en éternisait le souvenir. Il ne savait pas dans sa haine jalouse, qu'un beau fait passé dans le domaine de l'histoire appartient à l'humanité, et non à un peuple. Avec les fortifications d'Huningue, ils démolirent le monument de Charles Abbatucci ; ils n'insultèrent pas à la France, ils insultèrent à l'héroïsme. Mais les jours néfastes de l'invasion sont écoulés. La France cicatrise ses blessures et compte ses victoires. Les souvenirs des luttes de la République et de l'empire se dressent de toutes parts. Le temps des récompenses nationales était venu. Les héros attendaient leur monument. Le nom d'Abbatucci s'éveille le premier dans un élan d'admiration : les patriotiques habitants d'Huningue se réunissent pour relever ce marbre qu'a brisé l'étranger, et l'ancien compagnon, l'ami de Charles Abbatucci applaudit avec sa parole cette généreuse initiative.

Voici ce qu'il écrivait à ce sujet :

« Paris, 19 février 1819,

« Monsieur,

« J'ai vu avec un vif sentiment de plaisir la souscription « ouverte par de bons Français, habitants de la ville d'Hu-« ningue, pour relever le monument élevé à la mémoire du « général Abbatucci ; j'ai été son compagnon d'armes et son « ami. Il est tombé dans mes bras en recevant le coup mor-« tel. Il m'a fait le dépositaire de ses dernières volontés. « Dans un temps fécond en beaux talents et en grands ca-« ractères, je n'ai pas connu un homme plus remarquable « qu'Abbatucci, ni qui promit davantage à la France. Un « coup fatal l'a enlevé trop tôt à la célébrité qui l'attendait. « Il est mort pleuré par les siens, et honoré par ceux qu'il « avait combattus.

« A la fin de l'année 1815, les ennemis du dehors déman-« telaient nos forteresses, et les ennemis du dedans essayaient, « malgré de nobles résistances, de ranger dans des catégories « assassines, des hommes qui, depuis trente ans, ont dans « toutes les carrières honoré leurs pays. Alors le tombeau « d'Abbatucci fut renversé.

« Aujourd'hui les soldats étrangers se sont éloignés de nos « frontières ; la France renaît à l'indépendance et à l'honneur.

« La liberté va s'établissant sur des bases inébranlables. Cha-
« que est meilleur que celui qui l'a précédé. C'est le moment
« de recueillir une cendre héroïque et de consacrer la mémoire
« d'un général qui fut un homme de génie, soldat intrépide,
« et bon citoyen.

« Signé.. Le général M. S. Foy. »

Nous ne saurions ajouter que de faibles mots après cette lettre, qui demeure comme un autre monument élevé à la mémoire
d'Abbatucci, plus solide que le marbre d'Huningue, et plus
indestructible que l'airain d'Ajaccio; car ni l'ennemi, ni le
temps, ne pourront attaquer l'inaltérable sérénité de ces belles
paroles tracées par le célèbre orateur pour glorifier la mémoire
immortelle d'un héros son compagnon d'armes et son ami.

ANTOINE DOMINIQUE ABBATUCCI

CHEF DE BATAILLON.

SEVÉRIN ABBATUCCI

LIEUTENANT.

CHAPITRE IV

I

Voici deux existences rapides, éphémères, vides de jours. La
mort a pris ces deux soldats au premier combat, et ne leur a pas
laissé le temps de devenir des héros. Ils avaient reçu une éducation toute militaire, et leur père, le général Jacques-Pierre
Abbatucci, en voyant leur ardeur belliqueuse, le sang bouillant
qui coulait dans leurs veines, pouvait penser qu'ils sauraient
eux aussi entourer de lauriers le nom des Abbatucci.

Dominique-Antoine naquit à Zicavo en 1773. Il fit d'excel-
lentes études. Il avait un caractère ferme et énergique. Sa
physionomie était expressive, son œil était vif; sa taille était
haute et sa tournure élégante et pleine de distinction. Il donna
dès son enfance la plus haute idée de son avenir. Plus tard,
quand il embrassa la carrière militaire, on put facilement remarquer en lui les qualités qui font l'homme d'esprit et
l'homme de guerre. Il conversait admirablement; il savait
faire briller aux yeux de ses camarades, ses capacités littéraires. Par l'énergie de son caractère, par la hardiesse de ses
conceptions, par la vigueur de ses allures, il dénotait l'intrépide et intelligent soldat.

Antoine Abbatucci assista à la défense d'Huningue en qualité d'aide de camp de son frère. Il déploya dans cette mémorable affaire un grand courage et il fut cité avec honneur
par Moreau dans son ordre du jour.

Lors de l'expédition d'Égypte, il était capitaine au 4° régiment de dragons, et se trouvait en congé en Corse. Deux des
vaisseaux de l'expédition touchèrent à Bastia. Dominique-
Antoine apprenant qu'il y avait parmi les troupes qui montaient les vaisseaux des amis tels que Desaix, Régnier, Rapt,
Savary, résolut de partir. Il quitta Bastia. Nommé chef de
bataillon à son arrivée à Alexandrie, il voulut rejoindre immédiatement son corps, et obtint du général Menou un détachement de 25 à 30 hommes. Il prit une barque; mais entouré
la nuit sur le Nil par dix à vingt barques chargées d'Arabes
maraudeurs, il fut massacré, lui et son détachement. Il avait
à peine 22 ans.

Par ordre du général Bonaparte son nom fut inscrit sur la
colonne de Pompée.

« Deux vaisseaux partis pour Civita-Vecchia, dit M. Émile
« Begin dans son Histoire de Napoléon, p. 449, t. II, s'étaient
« arrêtés quelques heures à Bastia : un Abbatucci (Antoine-
« Dominique) fils du général, apprend que ses amis Rapp et
« Savary, que les amis de son frère Desaix, Regnier et plu-
« sieurs Corses, tels que les Casabianca, font partie de l'expé-
« dition ; aussitôt il court demander un permis de départ, et
« s'embarque avec d'autres jeunes insulaires qu'entraînait
« l'auréole éclatante de Bonaparte : idée fatale pour Abbatucci
« comme pour les Casabianca car, le mois suivant, il périt
« sous le fer des Arabes, et les Casabianca furent engloutis
« dans les flots d'Aboukir. »

II

Sevérin Abbatucci quatrième fils de Jacques-Pierre Abbatucci, naquit à Zicavo en 1775. — Comme ses frères, il reçut une brillante éducation ; comme eux il profita des leçons
de son père; comme eux aussi, il pouvait aspirer à une haute
position et réaliser les plus belles destinées.

Le goût de l'étude s'est développé chez lui dès son enfance;
il travaillait avec ardeur, il sentait le besoin de s'instruire, il
comprenait toute l'importance de la science. — Aussi faisait-il
des progrès rapides ; et lorsqu'il fut en âge de manier l'épée,
de combattre les ennemis de sa patrie, il avait déjà acquis un
degré de savoir capable de lui permettre de faire une brillante
carrière.

Il réunissait, en effet, toutes les qualités voulues pour marcher sur la trace de son frère Charles, pour mériter comme
lui le titre de héros.

Son intelligence était vive, et son cœur brillait par la noblesse. Son caractère était très ferme, et son âme d'une énergie extraordinaire était capable de grandes choses. Malheureu-
sement il a vécu trop peu de temps.

Il suivit son père dans la plupart de ses expéditions en
Corse. Courageux et fier, il donna de bonne heure des preuves
de valeur, d'intrépidité, de sang froid. Il combattait bravement
à côté de son père ; il semblait vouloir lui disputer l'honneur
de la victoire. — Il assista au siège de Calvi sous son commandement, et là comme ailleurs, il montra une bravoure à toute
épreuve. Le père avait droit d'être fier d'un tel fils, et le fils
avait raison d'honorer son père par des exploits. — Sevérin
Abbatucci eut le bras fracassé par un éclat de bombe. La place
capitula après une résistance opiniâtre, et peu de temps après
Sevérin alla mourir sous les murs de Toulon. Il avait 18 ans.

JACQUES-PIERRE-CHARLES ABBATUCCI

GARDE DES SCEAUX, MINISTRE DE LA JUSTICE.

CHAPITRE V

Il est des familles privilégiées chez lesquelles l'intelligence se transmet avec le sang, le talent se perpétue, le courage se lègue, la loyauté, la fidélité, l'inaltérable honnêteté du cœur, composent un saint héritage.

C'est une race des plus richement dotées que celle des Abbatucci : là chaque père montre à son fils la route qu'a parcourue l'aïeul et lui dit : Va ! Et en suivant le chemin de ses ancêtres, le fils arrive à la gloire.

Encore une illustration à écrire, encore une gloire sereine qui luit à nos yeux. Celle-ci forme comme le couronnement de cet édifice d'honneurs élevé par les divers membres de la famille.

Jacques-Pierre-Charles Abbatucci, naquit à Zicavo (Corse) en 1792. Il était fils de Jacques-Pierre-Charles, consul général.

Les études qu'il fit au lycée Napoléon furent brillantes ; il suivit son cours de droit à l'école de Pise. Il entra, ses grades obtenus, dans la magistrature : avocat distingué, légiste habile et savant, il donna des preuves de son mérite comme procureur du roi, ensuite comme conseiller à la Cour d'appel de Bastia.

La révolution de juillet vint ouvrir au jeune conseiller un champ plus vaste à son ambition. Il fut nommé président de chambre à la Cour d'Orléans; en même temps ses compatriotes l'envoyèrent à la Chambre des députés. Pendant le temps que dura son mandat sa popularité avait franchi les bords de son île natale. A Orléans il avait su conquérir tous les suffrages : la magistrature lui était dévouée; la bourgeoisie voyait en lui un digne représentant des idées libérales. En 1839 il fut élu député d'Orléans, et se plaça dans les rangs de la gauche. Il avait étudié avec conscience les intérêts de ceux qu'il représentait, il ne s'écarta jamais de la ligne que lui traçait son mandat. Il étudia toutes les questions, prit part avec activité aux travaux des commissions. Sans entrer dans une opposition systématique, il scrutait avec une loyale sincérité les actes du gouvernement. Ses investigations embarrassaient souvent les ministres; il se rendait compte de tout; il se sentait en droit de connaître le but et les moyens de tout acte politique gouvernemental. Magistrat intègre autant que juste et éclairé, il se montra à la Chambre député consciencieux et pur de toute complaisance parlementaire envers le gouvernement. Cette sévérité de principes était atténuée par son esprit conciliant; à l'énergie de ses convictions s'alliait une grande douceur de caractère.

M. Abbatucci avait eu pour condisciple Odilon Barrot au lycée Napoléon; comme cet homme d'Etat, il travaillait de toute la puissance de son talent et de sa position pour amener la réforme électorale.

En 1840, pour rester fidèle à la cause que lui avaient confiée les électeurs d'Orléans, il refusa la première présidence de Grenoble.

A la révolution de 1848, il fut appelé à la Cour de cassation. Quelque temps après, en 1849, à l'âge de 58 ans, il demanda sa retraite, après 33 ans de services comme magistrat.

Représentant du peuple à la Constituante et fidèle à ses principes d'indépendance, il ne voulut pas laisser au gouvernement ses députés dociles à ses vues et pris parmi les fonctionnaires. Il vota donc l'incompatibilité de la représentation nationale et des fonctions salariées par l'Etat.

Dans cette Assemblée, il fit connaître plus particulièrement ses profonds talents de législateur ; et pendant toute sa durée, il fut président du comité de législation. Il contribua de son vote et de sa parole à écarter la proposition irréalisable du droit au travail; à faire accepter la loi sur la diminution de l'impôt du sel; il comprit aussi que, dans ce temps d'agitation, où tout prestige de l'autorité s'effaçait, le chef de l'Etat, pour avoir toute la confiance de la nation et ne pas lui imposer son pouvoir, devait être directement nommé par tous les électeurs, et vota la loi de suffrage direct pour l'élection du président.

Depuis longtemps, nous l'avons déjà dit, la famille des Abbatucci était étroitement unie aux Bonaparte. Aussi une vive sympathie entraînait-elle M. J.-P.-C. Abbatucci vers le prince président. Dans le coup d'Etat du 2 décembre, il vit le triomphe des idées et des affections pour lesquelles il avait travaillé toute sa vie. Pourtant ce fut moins en récompense de son dévoûment et de ses longs services que Sa Majesté l'éleva au poste qu'il occupe. Il y était appelé par son mérite transcendant, par son profond savoir, par son intégrité à toute épreuve. Depuis 1852 qu'il remplit ces grandes fonctions, la confiance de l'Empereur ne l'a pas un seul instant abandonné. Pouvait-on trouver, en effet, un conseiller plus éclairé, plus sincère, plus dévoué dans les hautes discussions des choses de l'Etat? M. Abbatucci s'est montré tour à tour âme loyale, esprit ferme, mais conciliant; enfin il a, lui, porté quelques pierres à cet édifice de grandes choses qu'élève en ce moment Napoléon III.

Quelques mots sur sa vie privée :

En 1814, il épousa mademoiselle Euphrasie Colonna d'Istria. De ce mariage sont issus :

1° Charles Abbatucci, qui a figuré à côté de son père à la législative, et actuellement maître des requêtes, et président du conseil général de la Corse;

2° Antoine Abbatucci, lieutenant-colonel du 52e régiment de ligne;

3° Sévérin Abbatucci, député de la Corse;

4° Mademoiselle Abbatucci, devenue madame de Peretti, sous-préfet de Calvi.

Nous ne pouvons clore ce récit sans dire un mot des brillantes qualités sociales de M. le garde des sceaux.

Il s'était dépouillé sans perdre de dignité, de la gravité du haut magistrat; il laissait venir à lui. Il était simple comme la vraie grandeur. Il avait hérité de toutes les qualités de ses aïeux qui s'étaient encore développées chez lui. Il avait de l'affabilité envers les personnes qui l'approchaient, du cœur envers ses amis, enfin une grande dignité dans le caractère.

Doué d'une constitution robuste, âgé de soixante-cinq ans à peine, M. J.-P.-C. Abbatucci pouvait compter sur une longue et heureuse vieillesse. Il a succombé prématurément, en moins de vingt-quatre jours, aux suites d'un abcès interne, malgré les secours de la science et les soins de sa famille. Il est mort le jeudi 11 novembre 1857.

En considération des éminents services qu'avait rendus M. le garde des sceaux, un décret a statué que ses funérailles auraient lieu aux frais de l'Etat. Sa dépouille mortelle, déposée provisoirement au cimetière de l'Est, doit être transférée à Zicavo dans la sépulture des Abbatucci.

Nous croyons qu'il est utile, pour compléter la biographie de M. J.-P.-C. Abbatucci, de donner ci-contre l'article du *Moniteur* relatif à ses funérailles.

(Note de l'Éditeur.)

FUNÉRAILLES

DE

S. E. M. ABBATUCCI (JACQUES-PIERRE-CHARLES),

GARDE DES SCEAUX, MINISTRE DE LA JUSTICE.

Les funérailles de S. Exc. M. Abbatucci, sénateur, garde des sceaux, ministre secrétaire d'État au département de la justice, grand'croix de la Légion d'honneur, ont été célébrées aujourd'hui, à onze heures, en l'église de la Madeleine.

Dès le matin, un coup de canon était tiré d'heure en heure aux Invalides, et deux salves de 15 coups chacune ont annoncé le départ du convoi de l'hôtel du ministère de la justice et l'arrivée du corps au cimetière de l'Est.

Une des salles du rez-de-chaussée du ministère avait été transformée en chapelle ardente, où le cercueil était déposé.

A dix heures, les autorités constituées, les fonctionnaires et les personnes invitées par la famille se sont réunis dans les salons du ministère, qui ne suffisaient pas à les contenir.

A onze heures, le convoi funèbre a quitté l'hôtel de la place Vendôme pour se rendre à la Madeleine par la rue de la Paix et les boulevards.

De forts détachements des régiments composant l'armée et la garnison de Paris, ayant à leur tête les généraux, les colonels et leurs musiques, stationnaient sur la place Vendôme et aux abords de la Madeleine. L'infanterie de ligne et les chasseurs à pied formaient la haie. Un piquet de la garde de Paris à cheval, un escadron du 1er hussards, avec le colonel et la musique du régiment, ouvraient la marche. L'escorte était fournie par la garde de Paris et la gendarmerie de la Seine. La marche était fermée par deux batteries montées du 14e d'artillerie et un escadron du 1er hussards.

Toutes ces troupes étaient sous les ordres de S. Exc. le maréchal Magnan, commandant en chef l'armée de Paris.

Le char funèbre était traîné par six chevaux richement caparaçonnés.

Les cordons du poêle étaient tenus par LL. EExc. M. A. Fould, ministre d'Etat et de la Maison de l'Empereur; M. Billault, ministre de l'intérieur, remplissant les fonctions de ministre intérimaire de la justice; M. le maréchal duc de Malakoff, vice-président du Sénat, et par M. de Royer, procureur général à la Cour de cassation.

Le deuil était conduit par les trois fils du ministre défunt : M. Charles Abbatucci, maître des requêtes de 1re classe au conseil d'État; M. Antoine Abbatucci, lieutenant-colonel; M. Séverin Abbatucci, député, accompagnés de leurs parents et des amis de leur père, parmi lesquels on remarquait M. Piétri, sénateur, préfet de police; M. de Sibert de Cornillon, conseiller d'État, secrétaire général, ainsi que les principaux fonctionnaires du ministère de la justice; M. de Dalmas et M. de Carnières, directeurs.

L'Empereur s'était fait représenter aux obsèques de M. Abbatucci par S. Exc. le duc de Cambacérès, grand maître des cérémonies, et M. le général de division comte Roguet, l'un des aides de camp de Sa Majesté. LL. AA. II. le Prince Jérôme Napoléon et le Prince Napoléon y étaient représentés par des aides de camp et des officiers de leurs Maisons. Venaient ensuite LL. EExc. les ministres et le président du conseil d'Etat, des maréchaux, des amiraux, le général commandant en chef la garde nationale de la Seine, plusieurs membres du corps diplomatique, la députation du Sénat et un grand nombre de sénateurs ; la députation du Corps législatif, à laquelle s'étaient joints les députés présents à Paris ; la députation du conseil d'État, le vice-président, les présidents de sections, les conseillers, les maîtres des requêtes ; la Cour de cassation ; la Cour des comptes ; la Cour impériale ; une députation envoyée par la Cour impériale d'Orléans, où M. Abbatucci a laissé de si honorables souvenirs ; le préfet de la Seine et et les secrétaires généraux de la préfecture de la Seine et de police ; les conseillers de préfecture et la députation de la commission municipale ; les tribunaux d'instance et de commerce ; le conseil de l'ordre des avocats, parmi lesquels on remarquait M. Liouville, bâtonnier ; MM. Bethmont, Marie, Crémieux, Desmarest ; les juges de paix, le conseil des prud'hommes, le conseil impérial de l'instruction publique, plusieurs membres de l'Institut ; une députation des consistoires réformés et israélites ; le recteur, le corps académique et les facultés ; la chambre de commerce, le corps des ponts et chaussées et des mines, les principaux fonctionnaires des administrations centrales, les officiers de la garde nationale, les officiers généraux de l'armée, enfin un grand nombre d'invités par la famille, au nombre desquels on remarquait le général Fleury et le général baron de Béville, aides de camp de l'Empereur ; M. Mocquart, secrétaire de Sa Majesté ; MM. Odilon Barrot, Vavin et plusieurs membres du barreau et de nos assemblées délibérantes, qui avaient voulu rendre un dernier devoir à leur ancien collègue et ami ; le préfet du Loiret, le maire d'Orléans, et un grand nombre d'habitants de cette ville.

Cet imposant cortége a suivi à pied la dépouille mortelle de M. Abbatucci, depuis l'hôtel du ministère jusqu'à la Madeleine.

Le portail d'intérieur et le chœur de l'église étaient recouverts de tentures funèbres ornées de l'écusson de la famille Abbatucci, et un magnifique catafalque, étincelant de lumières, surmonté d'un riche baldaquin descendant de la voûte, s'élevait au milieu de la nef.

M. le curé de la Madeleine, accompagné du clergé de la paroisse, est venu recevoir le corps à l'entrée de l'église et a célébré l'office divin en présence de S. Ém. Mgr le cardinal Morlot, grand aumônier de France, archevêque de Paris, qui a dit les prières de l'absoute.

Après l'office, le convoi s'est remis en marche dans l'ordre précédemment indiqué, et s'est rendu en voiture au cimetière de l'Est, en suivant la ligne des boulevards jusqu'à la Bastille.

La population se pressait en foule sur le passage du cortége, et témoignait par son attitude recueillie de la part qu'elle prenait à la perte que viennent de faire l'Empereur et le pays.

Les dépouilles mortelles de M. Abbatucci ont été déposées dans la chapelle du cimetière, décorée pour cette triste cérémonie. Alors, S. Exc. le ministre d'État s'est avancé sur les degrés de la chapelle, et a prononcé d'une voix douloureusement émue le discours suivant :

« Messieurs,

« Un deuil imprévu, une douleur profonde nous « rassemblent. Pour la cinquième fois, en six ans, « nous sommes appelés à rendre les derniers devoirs « à un ministre de l'Empereur.

« Notre collègue, notre ami, celui que nous pleu« rons tous, celui qui vient de succomber avant l'âge, « Jacques-Pierre-Charles Abbatucci était né en 1792, « dans cette île qui a été le berceau de la dynastie « impériale. Sa famille, illustrée depuis longtemps « par les armes, avait donné trois généraux à l'Italie « et deux à la France. Ses trois oncles étaient morts « sur le champ de bataille. Le retour de la paix traça « au jeune Abbatucci une autre carrière, dans la« quelle il devait trouver une illustration non moins « éclatante. En 1816, il entra dans la magistrature, « à laquelle il a appartenu pendant trente-trois ans, « et dont il a parcouru tous les degrés.

« Appelé en 1839 à la Chambre des députés, il fit « preuve, dans sa double carrière, de la plus haute « intégrité, de la pénétration la plus remarquable, « de la plus ferme indépendance.

« Député, il s'était prononcé pour la réforme élec« torale ; magistrat, il se prononça, à l'Assemblée « constituante, pour l'incompatibilité de la représen« tation nationale et des fonctions salariées.

« Conformant ses actes à ses votes, il refusa en « 1840 de devenir premier président, et, en 1849, il « descendit de son siége à la Cour de cassation pour « continuer de défendre à l'Assemblée législative la « cause de l'ordre et les vraies doctrines gouverne« mentales.

« Peu de temps après, l'Empereur, qui l'aimait et « qui l'avait connu avant d'être appelé à diriger les « destinées de la France, récompensa une noble car« rière, une constante fidélité, en lui confiant les « sceaux de la justice. Il devint ainsi et il est resté « pendant près de six années le chef respecté et aimé « de cette magistrature dont il connaissait tous les « besoins et toutes les obligations, parce qu'il en avait « religieusement pratiqué tous les devoirs. »

« Doué d'une profonde perspicacité, d'un juge« ment prompt et sûr, ses conseils, pendant qu'il était « député, furent toujours recherchés et écoutés dans « l'opinion à laquelle il appartenait ; animé des sen« timents d'une indulgente impartialité que donnent « une longue expérience et un cœur élevé, il con« naissait bien les hommes, et pendant une adminis-

« tration trop tôt brisée, il a dirigé la magistrature
« en inspirant à tous une juste reconnaissance. Sa
« grande bonté donnait plus de prix à ses faveurs, et
« savait lui fournir un adoucissement à des refus né-
« cessaires.

« Nos lois garderont des traces durables de ses
« inspirations. Par lui l'instruction criminelle a été
« accélérée, les appels de police correctionnelle ont
« été utilement centralisés, la mort civile a disparu
« de nos codes. D'autres travaux, inachevés mais non
« perdus, attestent sa constante sollicitude pour don-
« ner à la législation une impulsion progressive et
« soutenue.

« Dans les conseils de l'Empereur, il apportait ce
« sentiment modéré, cette sagesse que donne aux
« intelligences supérieures une longue participation
« à de grands événements politiques. Aussi nos re-
« grets, notre douleur survivront longtemps aux tris-
« tesses de cette cérémonie, nous, ses collègues, ses
« amis, témoins quotidiens de la fermeté de ses opi-
« nions, de la parfaite douceur de son caractère.

« Cette fermeté, cette douceur ne se sont pas dé-
« menties en présence de la mort, dans sa lutte avec
« la souffrance, alors que la science cherchait dans
« les opérations les plus douloureuses quelques chan-
« ces incertaines de guérison.

« Cette mort d'un homme de bien est un ensei-
« gnement et une consolation.

« Il a trouvé dans son cœur le meilleur adoucisse-
« ment à des maux incurables. Les nombreux té-
« moignages d'affection qui lui ont été si justement
« donnés par la magistrature et par l'élite de nos con-
« citoyens, d'honorables élans de la plus ancienne
« amitié, un dernier et touchant message de l'Em-
« pereur, le pieux dévoûment de ses enfants ont
« donné du calme à ses derniers jours.

« Après s'être uni à Dieu, il a cessé de vivre, en-
« touré de ses fils, en pressant leurs mains de sa
« main défaillante jusqu'au moment où elle a été
« complétement glacée par la mort.

« Aucun de ceux qui vous ont connu ne pourront
« vous oublier, cher et regretté collègue; votre mé-
« moire vivra éternellement dans le cœur de ces en-
« fants dignes de vous. Elle sera toujours respectée
« par la magistrature et par le pays. Elle sera aimée
« et honorée de ceux qui vous survivent pour con-
« tinuer l'œuvre commune, et qui, en vous disant
« un dernier adieu, demandent à la Providence de
« s'inspirer de votre exemple et de votre dévouement
« aux intérêts publics. »

Ces paroles, qui répondaient si bien aux sentiments
de toute l'assistance, y ont produit une vive impression.

M. de Royer, procureur général à la Cour de cassation, a pris la parole en ces termes :

« Messieurs,

« Vous venez d'entendre le juste et éclatant hom-
« mage rendu à l'homme d'État, à l'homme politique
« qui laisse dans les conseils de l'Empereur un vide
« aussi douloureux qu'imprévu. La magistrature
« française, qui perd en M. Abbatucci un guide
« éprouvé, un chef aimé et respecté, lui doit à son
« tour un suprême témoignage de reconnaissance e.
« d'adieu.

« En l'absence d'une voix qui nous est chère à
« tous et dont je voudrais pouvoir emprunter ici
« l'autorité, j'ai recueilli l'honneur d'être, auprès
« de cette tombe, l'interprète des sentiments et des
« regrets de la famille judiciaire.

« Chef du parquet de Sartène en 1816, à vingt-cinq
« ans, M. Abbatucci devint, en 1819, conseiller à la
« Cour de Bastia; en 1830, président de chambre à
« la Cour d'Orléans; en 1848, conseiller à la Cour
« de cassation. Partout il laissa le souvenir d'un es-
« prit distingué, d'une remarquable intelligence des
« affaires, d'un coup d'œil sûr et exercé, une affabi-
« lité pleine de bienveillance et d'accueil. Il appar-
« tenait depuis trente-deux ans à la magistrature,
« quand la Constitution de 1848 proclama l'incom-
« patibilité des fonctions publiques avec le mandat
« législatif. Il renonça alors à sa carrière pour se dé-
« vouer exclusivement à la vie politique et à la cause
« du prince qui portait en lui le salut et l'avenir de
« la France. Il fut appelé au ministère de la justice
« en 1852. »

« Sa sollicitude se porta immédiatement sur les ré-
« formes que comportaient certaines parties de notre
« législation et dont son expérience judiciaire lui
« avait révélé l'utilité. Ce ne serait ni le lieu ni le mo-
« ment d'énumérer les améliorations qui sont venues,
« grâce à l'initiative de M. le garde des sceaux
« Abbatucci, prendre successivement place dans nos
« codes civils ou criminels, abroger ou simplifier les
« procédures, diminuer les frais et faire apparaître,
« là comme ailleurs, l'activité et l'impulsion du gou-
« vernement de l'Empereur. Rappelons seulement
« qu'un grand esprit de sagesse et de mesure a tou-
« jours présidé à l'élaboration de ces projets de ré-
« formes, et que, tout en ouvrant la voie au progrès
« sérieux et mûr, l'administration de la justice a su
« opposer de salutaires résistances aux innovations
« aventureuses ou irréfléchies.

« Le choix et la direction des hommes appelés à
« rendre la justice, à appliquer ou à faire exécuter
« les lois ont été de tout temps une des attributions
« les plus essentielles et les plus délicates du pouvoir.
« C'est une grande et noble politique que celle qui
« s'attache, sans relâche, à faire régner sur tous les
« points de l'Empire une exacte, ferme et prompte

« justice. Il y a là bien des sources de satisfaction
« pour les justiciables, bien des garanties pour la paix
« publique, bien des bénédictions à recueillir pour le
« souverain. Ce mérite aura été l'un des mérites émi-
« nents et l'une des forces de l'administration de M.
« Abbatucci. Sur son lit de souffrance, lorsque déjà
« les espérances de sa famille et de ses amis s'étaient
« évanouies, il s'occupait encore d'une importante
« promotion de masgistrats, sans autre préoccupation
« que celle de choisir les plus dignes. Le décret qui
« va paraître portera la trace de son dernier travail
« et de ses dernières propositions.

« Son équité ne négligeait rien pour s'éclairer.
« Tout magistrat qui avait fait loyalement son devoir
« était assuré d'être soutenu et au besoin défendu
« par lui.

« Ce sont là des titres sérieux et durables à la re-
« connaissance de la magistrature ; ce sont là de sa-
« lutaires encouragements pour la cause du devoir
« et du bon droit ; c'est une ferme et digne manière
« de servir les intentions de l'Empereur et de justi-
« fier sa confiance.

« A une vie si utile, si pleine d'actes honorables,
« si entourée d'affections et d'amitiés dévouées, Dieu
« réservait la fin de l'homme de bien. Ni de
« cruelles souffrances héroïquement supportées, ni
« l'amertume profondément sentie d'une prochaine
« et éternelle séparation, ni les larmes de ces fils
« bien-aimés qu'il laisse au service de l'Empereur et
« du pays, n'ont fait fléchir devant les approches de

« la mort cette âme forte, résignée, ranimée par un
« suprême témoignage de la confiance du souverain
« qu'elle avait si fidèlement servi, soutenue par la
« présence de l'éminent prélat qui lui parlait de
« Dieu.

« Que ces souvenirs vénérés, que ce respect sin-
« cère, que l'universelle expression de la sympathie
« publique adoucissent, dans le cœur des trois fils
« qui m'entendent, la perte d'un père dont la mé-
« moire vivra parmi les plus respectées. Le pays, qui
« les a vus associés à ses travaux, à ses dangers et à
« sa gloire, s'associe pieusement aujourd'hui à leur
« douleur.

« Honneur aux époques et aux gouvernements qui
« assurent ainsi aux enfants le noble héritage des
« services paternels ! »

Ce discours, qui exprime si dignement les regrets
de la magistrature, a vivement ému tous les assistants.

Avant de se séparer, les représentants de l'Empereur, les ministres, les députations des grands corps
de l'État et toutes les personnes qui avaient suivi la
dépouille mortelle de M. Abbatucci jusqu'au cimetière, ont jeté l'eau bénite sur son cercueil, et té-
moigné à ses trois fils la part qu'ils prenaient à leur
douleur.

Cette triste cérémonie s'est accomplie dans l'ordre
le plus parfait et au milieu d'un recueillement uni-
versel.

www.ingramcontent.com/pod-product-compliance
Lightning Source LLC
Chambersburg PA
CBHW071433030726
47594CB00006B/2718